그림으로 읽는
**숨겨진
아시아의 역사**

일 러 두 기

- 이 책은 2010년 4월 8일~7월 4일(싱가포르 국립미술관), 2010년 7월 27일~10월 10일(한국 국립현대미술관 덕수궁관) 개최된 회화전 〈아시아 리얼리즘(Realism in Asian Art)〉의 내용을 단행본으로 엮은 것입니다.
- 〈아시아 리얼리즘〉전은 한국 국립현대미술관 및 싱가포르 국립미술관이 공동주최하였고 최은주, 김인혜, 곽키엔초우(Kwok Kian Chow), 조이스 팬(Joyce Fan)이 공동으로 기획하였습니다.
- 이 책에 수록된 작품 중 카를로스 프란시스코의 〈피에스타〉, 쉬베이홍의 〈우공이산〉 등 2점은 기존 전시에 출품되지 않았으며, 단행본 제작을 위해 추가되었습니다.
- 이 책에 수록된 작품 이미지들은 별도의 저작권 사용 허락을 얻은 것이며, 저작권법에 의하여 한국 내에서 보호를 받는 저작물이므로 무단 전제 및 복제를 금합니다. 저작권 사용 허락을 얻지 못한 일부 작품은 저작권자가 확인되는 대로 수록 절차를 밟겠습니다.
- 이 책의 그림 캡션은 제목, 작가, 제작 연도, 재료, 규격, 소장처 순으로 표기했습니다.
- 이 책은 한국출판문화산업진흥원의 출판지원사업 선정작입니다.

그림으로 읽는
숨겨진
아시아의 역사

박소울 지음

국립현대미술관 학예실 감수

RHK
알에이치코리아

차 례

역사적 사건들

1842 청, 영국과
난징조약 체결
1840 청, 영국과
아편전쟁(~1842)

1858 일본, 미일 수호
통상 조약 체결
인도, 무굴제국 멸망
1857 인도, 세포이의 항쟁
(~1859)
1851 청, 태평천국 운동
(~1864)

1868 일본, 메이지 유신
타이, 국왕 라마 5세 즉위
1861 청, 양무운동 시작

19세기 → **1840**　　　　　**1850**　　　　　**1860**

아시아 10개국

동아시아	대한민국				
	중국				
	일본		에도 막부		1868 ▶
	베트남	응우옌 왕조		1859 ▶	
동아시아	타이	라마 3세	1851 ▶	라마 4세(몽꿋)	1868 ▶
	말레이시아			영국 말라카 지배	
	싱가포르			〃	
	인도네시아		네덜란드 식민시대		
	필리핀		에스파냐(스페인) 식민시대		
	인도 (아대륙)	무굴 제국		1858 ▶	

수록된 그림들

1887 프랑스령 인도차이나 성립   1898 필리핀, 아기날도 독립선언
1885 베트남, 근왕 운동   1894 청·일전쟁(~1895)
     인도, 국민회의 결성   1892 필리핀, 호세 리살에 의해
                                           필리핀 민족동맹 결성

1870   **1880**   **1890**   **1900**

조선				1897 ▶
청				
		메이지 시대		
	프랑스령 식민시대			
		라마 5세(출랑롱껀)		
	1874 ▶		영국 식민시대	
			″	
				1898 ▶
	영국 식민시대(영국령 인도)			

푼착 고개   **농부 귀가**   **라구나 만과 앙고노 마을 풍경**
라덴 살레, 인도네시아, 1871년   아사이 추, 일본, 1887년   후안 센손, 필리핀, 1890년경

오이란   **달빛 속의 여인**
다카하시 유이치, 일본, 1872년   라자 라비 바르마, 인도, 1889년

역사적 사건들		

1906 인도, 스와데시·스와라지 운동

1919 한국, 3·1운동, 대한민국 임시 정부 수립
중국, 5·4 운동
인도, 간디의 비폭력·불복종 운동
1914 제1차 세계대전 발발(~1918)
일본, 대전 참전
1912 중화민국 성립, 쑨 원이 임시 대총통에 취임
1911 청, 신해혁명
1910 한국, 일본에 국권 피탈

20세기 → **1900**　　　　　　　　　　　**1910**

아시아 10개국	동아시아	대한민국	대한제국	1910 ▶
		중국	청	1912 ▶
		일본		1912 ▶　다이쇼 시대
	동아시아	베트남	프랑스령 식민시대	
		타이	라마 5세(출랑롱껀)	1910 ▶　라마 6세(바지라웃)
		말레이시아	영국 식민시대	
		싱가포르	〃	
		인도네시아	네덜란드 식민시대	
		필리핀	미국 식민지	
		인도 (아대륙)	영국 식민지	

수록된 그림들		

리잘
파비안 데 라 로사, 필리핀, 1902년

해질녘
김관호, 한국, 1916년

1928 인도, 인도독립연맹 결성
1927 중국의 장제스, 난징에 국민당
　　　정부 수립
1921 중국, 공산당 결성

1939 제2차 세계대전 발발(~1945)
1937 중·일 전쟁, 난징 대학살(~1938)
1934 중국 공산당 대장정
1930 베트남, 호치민에 의해
　　　베트남 공산당 창당

1949 중국, 중화인민공화국 수립
　　　인도네시아 연방공화국 수립
1947 인도 연방과 파키스탄 자치령 분리 독립
1946 필리핀 공화국 수립
　　　제차 인도차이나 전쟁 발발(~1956)
1945 일본, 무조건 항복 / 8·15 광복
　　　베트남 민주공화국 수립
　　　인도네시아 독립선언
1941 일본의 하와이 진주만 기습공격으로
　　　태평양 전쟁 발발

1920　　　　　　　**1930**　　　　　　　**1940**　　　　　　　**1950**

국권침탈기(일제 강점기)		
중화민국		
1926 ▶	쇼와 시대	
	1940 ▶ 일본 점령기	1946 ▶
1925 ▶ 라마 7세	1935 ▶ 라마 8세(아난다)	1946 ▶
	1941 ▶ 일본점령	1946 ▶
	〃	
	1941 ▶ 일본점령	1945 ▶ 대네덜란드 항쟁
	1942 ▶ 일본점령	1946 ▶
		1947 ▶

모내기
페르난도 아모르솔로, 필리핀, 1924년

무쇠팔
이시가키 에이타로, 일본, 1929년

석양에 물든 인도네시아 마을
압둘라 수리오수브로토, 인도네시아,
제작연도 미상

가족도
배운성, 한국, 1930~35년

어머니 인도
암리카 세르길, 인도, 1935년

라빈드라나트 타고르
데비프라사드 로이 쵸드리, 인도,
제작연도 미상

우공이산
쉬베이홍, 중국, 1940년

베트남 풍경
응우옌기어찌, 베트남, 1940년

메나드에 내리는 낙하산 부대
미야모토 사부로, 일본, 1943년

말레이 가교 공병대
시미즈 토시, 일본, 1944년경

해당화
이인성, 한국, 1944년

피에스타
카를로스 프란세스코, 필리핀, 1946년

걸인
이쾌대, 한국, 1948년

카파스
데메트리오 디에고, 필리핀, 1948년

어부들
비센테 마난살라, 필리핀, 1949년

통합 연표

역사적 사건들

1958 중국, 대약진운동
1950 한국, 6·25 전쟁 발발(~1953)

1966 중국, 문화대혁명(~1976)
1964 제2차 인도차이나 전쟁 발발(~1975)
1963 말레이시아 연방 발족
1960 한국, 4·19 혁명

20세기 → **1950**　　　　　　　　　**1960**

아시아 10개국

동아시아	대한민국		대한민국
	중국		중화인민공화국
	일본		쇼와 시대
동아시아	베트남	대프랑스 항쟁시대　1954 ▶	대미 항쟁시대
	타이		라마 9세(푸미폰)
	말레이시아	영국 점령　1957 ▶	말레이시아 연방
	싱가포르	〃	1965 ▶
	인도네시아		인도네시아 공화국
	필리핀		필리핀 공화국
	인도 (아대륙)		인도 연방(1948년 스리랑카 독립), 파키스탄 공화국

수록된 그림들

구두닦이 소년
이수억, 한국, 1952년

북조선의 모내기
변월룡, 한국, 1955년

말레이 대서사시
추아미아티, 싱가포르, 1955년

앙클룽 연주자
신두다르소노 수조요노, 인도네시아, 1956년

눈 내리는 밤에 식사 배달하기
양즈광, 중국, 1959년

병아리와 함께 있는 여자
트루부스 수다르소노, 인도네시아, 1960년

케란탄에서 담뱃잎 따기
모하메드 후세인 에나스, 말레이시아, 1962년

숙청
코웨샤융, 싱가포르, 1963년

사테 파는 소년
조셋 첸, 싱가포르, 1964년

선수이 노동자
라이퐁모이, 말레이시아, 1967년

나의 가족
헨드라 구나완, 인도네시아, 1968년

1978	미국·중국 국교 정상화		1989	중국, 톈안먼(천안문) 사건 발생		1997	영국, 중국에 홍콩 반환
1975	베트남 전쟁 종식		1986	베트남, 도이머이 정책 실시			
				필리핀, 민주혁명으로 마르코스			
				정권 붕괴			
			1980	한국, 5·18 민주화 운동			

1970   **1980**   **1990**

1989 ▶   헤이세이 시대

1976 ▶   베트남사회주의공화국

말레이시아 연방에서 탈퇴, 독립

자유 아니면 죽음
루스타마지, 인도네시아, 1970년경

구리광산의 첨병
우원화, 중국, 1971년

도시계급
데데 에리 수피리아, 인도네시아, 1977년

농부2
탐마삭 분체르드, 타이, 1979~80년

잠재의식 #1
끼에띠삭 차눈낫, 타이, 1980년

한국근대사 4
신학철, 한국, 1982년

민족의 드라마
레나토 아불란, 필리핀, 1982년

속 · 농자천하지대본
이종구, 한국, 1984년

1972년 하노이 크리스마스 폭격
판깨안, 베트남, 1985년

1장 서구에 대한 동경과 독립의 열망 사이에서 갈등하다

서구에 의해 도입된 고급 교육을 받은 지식인 계층이 늘어났는데, 아이러니하게도 그들은 배우면 배울수록 서구의 부당한 침탈에 맞선 '독립'을 향한 열망을 강하게 품게 됐다. 자국을 지배하는 유럽의 선진 문화를 배우고 쫓아가려는 열망이 있었던 한편, 그들의 지배로부터 '독립'하여 자국의 문화를 발전시키려는 자주적인 갈망 또한 무시하기 어려웠다.

아시아의 근대사는 서구 제국주의 국가와의 충돌과 함께 시작되었다. 1840년 영국과 중국 사이에서 발발한 아편전쟁은 일종의 커다란 상징과도 같았다. 19 세기 유럽의 최강국이었던 영국이 그 당시까지 아시아의 질서를 관할했다고 해도 과언이 아닌 중국에 강력한 침투를 시도한 것이다. 이후 중국은 영국뿐 아니라, 프랑스, 독일, 러시아, 심지어 제국주의 열강의 대열에 새로이 끼어든 일본 등 강대국의 각축장이 된다.

사실 유럽 국가들이 처음 아시아를 침투하기 시작한 때는 이보다 훨씬 더 오랜 역사를 거슬러 올라간다. 네덜란드와 스페인, 영국은 16~17세기부터 각각 인도네시아와 필리핀, 인도 등을 지배했는데, 이는 소위 '식민지 개척'의 꾸준한 결과였다. 그러나 19세기에 들어서자 상황이 이전과 달라졌다. 이전까지는 식민지의 일부 지배계층을 회유하여 권력과 자본을 적절히 분배해줌으로써 '유사 평화' 상태를 유지하는, 일종의 간접 통치 방식을 취했다면, 19세기 무렵의 식민 지배는 정치, 사회 전반을 훨씬 더 깊이 침투하는 총체적인 직접 통치 형식이었다. 한편 식민 지배를 통한 경제적 이득이 커질수록 식민지에 대한 본국의 경제 의존도가 심해졌고, 이에 따라 열강들 간의 경쟁도 치열해졌다. 인도차이나 반도의 지배권을 두고 프랑스와 영국이 계속 충돌하다가 타이를 경계로 프랑스가 동쪽을, 영국이 서쪽을 차지하게 된 것이 대표적인 예이다. 그들은 점점 아시아 지배에 사활을 걸게 되었다.

다른 한편으로 식민 지배를 당하던 국가들 사이에서 점차 '국가 의식'이 싹트기 시작했다. 서구에 의해 도입된 고급 교육을 받은 지식인 계층이 늘어났는

데, 아이러니하게도 그들은 배우면 배울수록 서구의 부당한 침탈에 맞선 '독립'을 향한 열망을 강하게 품게 됐다. 결국 지배층과 피지배층의 이해관계가 분명할수록 '충돌'은 불가피했다. 문화적 측면에서도 마찬가지의 상황이 벌어졌다. 자국을 지배하는 유럽의 선진 문화를 배우고 쫓아가려는 열망이 있었던 한편, 그들의 지배로부터 '독립'하여 자국의 문화를 발전시키려는 자주적인 갈망 또한 무시하기 어려웠다. 이 두 가지 태도는 완전히 분리될 수 있는 것이 아니었고, 오히려 중첩되어 나타나는 경우가 많았다.

아시아인들은 유럽의 르네상스에서부터 실현된 '3차원적 대상의 2차원적 재현'이라는 근대적 '기술(技術)'로서의 서구 미술을 학습하였다. 이 때문에 회화 영역에서는 원근법이 적용된 풍경이나, 세밀하고 정교한 초상화가 제작되었다. 마치 실제 눈으로 보는 것과 똑같은 풍경을 그림을 통해 표현할 수 있다는 사실은 아시아인들 대다수에게 상당한 시각적 충격을 안겨주었다.

그러나 이와 동시에 아시아의 예술가들은 자국의 미술사적 전통과 생활양식을 다시 들여다보면서, 전통적 유산과 서구의 근대적 기술의 접점에 대해 고민했다. 이러한 문화적 '자주성'을 향한 노력은 아시아 각국에 내려오던 전통에 따라 매우 다양한 방식으로 표출되었다. 인도의 경우 신비하고 아스라한 그림 양식이 발전되었고, 베트남은 그림에 전통적 옻칠 양식이 적용되었으며, 한국의 경우엔 전통화의 백묘법(白描法)과 같은 선(線)이 강조되기도 했다. 서구에 대한 동경과 자국의 독립에 대한 열망. 이 두 가지의 대립적 감정이 서로 갈등하고 혼합하는 양상이 회화 작품에 다양한 방식으로 나타났다.

01

라구나 만과
앙고노 마을 풍경

후안 센손 作 (필리핀)

마을의 다양한 요소들을 한 화면에 모두 담아내기 위해 파노라마로 구성된 화면은 서양의 원근법에 정확히 들어맞지는 않는다. 그런데 오히려 그러한 점이 향토적인 풍경에 더욱 친근한 느낌을 더하며, 이야기를 찬찬히 풀어내는 듯한 작품의 서사적 구조를 돋보이게 한다.

18

라구나 만과 앙고노 마을 풍경

후안 센손
1890년대
캔버스에 유채
121 x 185cm
필리핀중앙은행 소장

1890년대 필리핀의 한 지역 화가였던 후안 센슨(Juan Senson, 1847-1924)이 그린 마을 풍경이다. 마닐라로 가는 길목이었던 라구나 만(Bay of Laguna)에 인접한 앙고노(Angono) 마을을 그린 것이다. 마을의 길, 가옥, 수목, 경작지 등 전경이 생생하게 펼쳐지고, 저 멀리 거대한 호수를 따라 각양각색의 배들이 줄지어 지나간다. 색색의 옷, 모자 등 다양한 차림새의 사람들은 여러 종류의 농기구를 쥐고서 이런 저런 자세를 취하며 마을을 서성이는 중이다. 사람들은 농작물을 수확하며 바쁜 와중에 옆 사람과 잠시 대화를 나누기도 하고, 길 한쪽에는 기타를 팔에 끼고 양산을 손에 쥐고 어슬렁대는 남자도 보인다. 필리핀에서는 이렇게 양산을 쓰고 기타를 연주하며 농사일의 흥을 돋우는 악사의 존재가 필수적이었다고 한다(그 당시 농촌 풍경을 그린 아르모솔로 등 필리핀의 다른 화가들의 작품 속에서도 악사의 연주 장면을 찾아볼 수 있다). 다들 나름의 일에 열중하는 사이, 한 농부는 논두렁을 지나다가 그만 넘어져 허우적대고 있다. 이렇듯 풍속화에서 '익살'은 빠질 수 없는 요소이다. 사람들뿐 아니라 밭에서 일하는 소, 호수 위를 나는 새들 또한 이 마을의 구성원으로서 세세하게 그려져 있다.

자연과 어우러져 어느 정도의 문명을 일구며 평화롭게 살아가는 인간, 그것이 이 작품의 주제인 듯하다. 이 소박한 작품은 작가가 1895년 마닐라의 지역 박람회 초청을 받고 제작한 것으로 알려져 있다. 각 지역의 특산물을 경쟁적으로 전시하는 '박람회' 시스템은 근대화 과정에서 경제 및 문화 발전을 지지하고 선전하는 중요한 수단이었다. 작가는 이러한 박람회의 목적에 충실하게 그림을 통해 앙고노 지역의 특징들을 하나하나 상세하게 기록해냈다. 자연 지형, 주민들의 일상생활, 관습과 복장, 동식물, 심지어 이들의 경제를 떠받치고 있던 교역선의 암시까지 꼼꼼히 챙겨 그린 것이다.

앙고노는 스페인의 식민 통치가 시작된 초기 무렵 형성된 마을이었다. 스페인 사람들이 처음 필리핀 땅을 밟게 된 것은 1521년, 마젤란에 의해서였다. 그 후 1565년부터 본격화된 스페인의 지배는 1898년까지 무려 333년 간 지속되었다. 마닐라로 가는 길목에 자리해 교역이 활발했던 앙고노 마을은 지리적 특징 때문에 스페인의 영향에 일찍 노출된 편이었다. 스페인은 처음 예수회를 통한 선교의 성격으로 필리핀에 침투했는데, 이 작품을 그린 후안 센손 또한 스페인 예수회 소속의 신부로부터 유화 기법을 배웠다. 후안 센손은 중앙 무대로 진출하지 않고 대부분을 앙고노에서 생활하며 자신만의 소박한 양식을 발전시켰다. 마을의 다양한 요소들을 한 화면에 모두 담아내기 위해 파노라마로 구성된 화면은 서양의 원근법에 정확히 들어맞지는 않는다. 그런데 오히려 그러한 점이 향토적인 풍경에 더욱 친근한 느낌을 더하며, 이야기를 찬찬히 풀어내는 듯한 작품의 서사적 구조를 돋보이게 한다.

02 푼착 고개

라덴 살레 作 (인도네시아)

고개 너머로부터 전경으로 쏟아지는 '빛'을 표현한 방식을 살펴보면, 라덴 살레가 흠모했던 렘브란트의 작품 속에 드러나는 '빛'의 효과를 어렵지 않게 연상할 수 있다. 그에게 '빛'은 인간이 시각적 경험을 할 수 있게끔 하는 가장 근본적인 원천이며, 종교에 가까울 만큼 신비로운 존재였을 것이다.

푼착 고개

라덴 살레
1871년
캔버스에 유채
72 x 106cm
개인 소장

인도네시아의 고산지대로 기후가 온화하여 일찍이 휴양지로 널리 알려진 '푼착 고개(Puncak Pass)'를 그린 작품이다. 우거진 열대림을 배경으로 고갯마루 길이 뻗어 있고, 이동 중 잠시나마 거점이 되었을 촌락 앞에서 사람들은 다시 출발할 차비를 하는 것 같다. 일부 사람들은 이미 말에 짐을 가득 싣고 고갯마루를 올라가고 있다. 굽이진 길을 돌고 나면 고개 저편에는 밝은 햇살이 찬란하게 비추고 있다. 일종의 '역광'을 형성하며 존재감을 드러내고 있는 빛 덕분에 경계에 있는 나무들의 실루엣이 더욱 도드라진다.

전체적으로 녹색 톤이 화면을 가득 채우고 있지만, 아주 미세한 색조의 차이를 통해 빽빽한 나무의 밀도가 표현되었고, 나뭇가지, 심지어 나뭇잎까지 한 장 한 장 셀 수 있을 만큼 세밀하게 묘사되어 있다. 이러한 치밀하고 사실적인 묘사, 자연에 대한 경외의 표현은 북유럽에서 일찍부터 특징적으로 발전된 양식이다. 실제로 인도네시아가 17세기 이래 네덜란드의 식민 지배를 받았다는 사실을 알고 나면, 이 작품이 어떻게 북유럽 유화의 전통을 이어받았는지 어느 정도 이해할 수 있다.

이 작품을 그린 라덴 살레(Raden Saleh, 1807-1880)는 인도네시아의 귀족 가문 출신으로, 1807년 자바 세마랑(Semarang) 지역의 테르바야(Terbaya)에서 태어났다. 자바에 머물고 있던 벨기에인 화가들에게서 유화를 배웠고, 1829년 식민지 정부의 장학금을 받아 네덜란드를 비롯한 유럽의 여러 국가에서 유학했다. 네덜란드 빌럼 2세의 궁정화가로 임명돼 일하기도 했을 정도로 그는 네덜란드에서도 인정받는 화가로 성장했다. 그가 고개 너머에서 전경으로 쏟아지는

'빛'을 표현한 방식을 살펴보면, 라덴 살레가 흠모했던 렘브란트의 작품 속에 드러나는 '빛'의 효과를 어렵지 않게 연상할 수 있다. 그에게 '빛'은 인간이 시각적 경험을 할 수 있게끔 하는 가장 근본적인 원천이며, 종교에 가까울 만큼 신비로운 존재였을 것이다. 화가들에게 빛은 사물을 드라마틱하게 표현할 수 있게 만드는 중요한 자원과 마찬가지다.

라덴 살레의 경력을 살펴보면, 네덜란드 식민지 치하에서 인도네시아인들이 지적, 경제적으로 성장하는 과정을 유추해 볼 수 있다. 그는 네덜란드의 충분한 지원을 받았고, 그곳의 엘리트 집단과 어울렸으며, 그밖에 독일과 프랑스의 미술가 그룹의 일원으로 활동하기도 했다. 그러나 동시에 그는 식민지라는 조국의 불행한 상황에 대한 일종의 '은유'를 끊임없이 그림 속에 숨겨두고 있었다. 최근 연구자들은 〈푼착 고개〉와 같이 일견 평화로워 보이는 풍경화에서조차, 라덴 살레가 숨겨놓은 은유를 읽어냈다. 그 당시 푼착 고개는 선선한 기후 덕분에 일찍부터 네덜란드인들을 위한 휴양지로 개발되었는데, 이 작품 속에는 인도네시아의 전통 가옥과 인도네시아인 들만이 등장하고 있다는 점을 주목해야 한다는 것이다. 또한 푼착 고개 너머 자카르타로 가는 길에 비추이는 신성한 '빛'의 존재가 바로 인도네시아 본연의 힘에 대한 희망을 암시한다고 보았다. 이러한 해석이 작가의 원래 의도와 얼마나 일치하는지는 정확히 알 수 없지만, 라덴 살레가 다시 인도네시아로 돌아가 말년을 보내면서 조국의 아름다움에 대해 깊은 경의와 애정을 표하고 있었다는 사실만큼은 확실해 보인다.

03

오이란

다카하시 유이치 作 (일본)

〈오이란〉에는 서양적 요소와 일본의 전통적 요소가 흥미로운 방식으로 접목되어 있다. 객관적으로 대상을 관찰하는 집요한 태도, 사실적 재현에 충실한 방식, 유화 물감의 활용, 붓질로 꾀하는 효과 등은 상당히 서구의 전통을 따른 것이다. 그러나 작품의 소재나 기본적인 구성 방식은 전통화인 우키요에의 미인도를 떠오르게 한다.

오이란(花魁)

다카하시 유이치
1872년
캔버스에 유채
77 x 55cm
도쿄예술대학미술관 소장

화려한 모피로 장식된 옷을 겹쳐 입고 빗과 비녀를 여러 개 꽂아 만든 독특한 머리 장식을 한 채, 고개를 살짝 돌려 얼굴의 사 분의 삼 정도만 보이고 있는 여성의 초상. 이 여인은 일본의 전통적인 유곽에서 가장 높은 계급에 해당하는 '오이란(花魁)'이다. 가느다란 눈매에 두텁게 전통 화장을 한 그녀의 표정은 요염하다기보다는 근엄한 것에 가깝다. 아마도 화가는 작품에서 오이란의 매력에 호소하려기보다는, 세부적인 요소 하나하나를 정확하고 완벽하게 기록하는 일에 온 관심을 쏟은 것 같다.

다카하시 유이치(Takahashi Yuichi, 1828-1894)는 일본에서 근대 유화의 역사를 거론할 때 가장 먼저 등장하는 인물 중 하나이다. 그가 학생일 적에는 아직 정부 차원의 공식 미술학교가 설립되지 않았기 때문에, 거의 독학에 가까운 방식으로 유화 기법을 익혀 나갔다. 일본에 머무르고 있던 영국인 작가와 이후 개교한 공부미술학교(工部美術學校, 1876년 창립)의 초빙교수, 이탈리아 화가 안토니오 폰타네지(Antonio Fontanesi, 1818-1882) 등에게서 지도를 받기도 했지만, 기본적으로 그는 스스로 터득한 기법을 사용했다.

〈오이란〉에서의 지나치리만큼 사실적이고 정확한 세부 묘사를 미루어 볼 때, 이 일본인 유화가가 서양화의 전통적 기법들 중에서 가장 깊은 인상을 받았던 것이 바로 사실적 '재현 기술'이었음을 알 수 있다. 실제로 이 작품은 사실에 대한 일종의 기록을 남기기 위해 제작한 것이다. 1872년 4월 28일자 《도쿄일일신문》의 기사에 따르면, 화류계의 풍속이 옛날과 달라지고 창기의 모습도 변해 '효고가미'라는 머리 장식이 사라지는 것을 아쉽게 여긴 어떤 사람이 다카하시 유이치에게 효고가미를 얹은 창기의 모습을 그려달라고 의뢰하였다. 그런데 창기들이 일본식 다색 판화인 니시키에(錦繪) 방식으로 그려지기를 원할 뿐 유화의 모델이 되기는 원치 않았는데, 이때 오직 코이네 유젠(小稻悠然)이라는 여성만 이를 수락하였다고 한다. 그 당시 '유화'가 얼마나 친숙하지 않은 특이한 장르였는지 짐작해볼 수 있다.

　작품이 제작된 1872년은 메이지 유신이 공표 된 지 약 5년밖에 되지 않았을 때였다. 일본은 메이지 유신을 거치면서 서구 문물을 습득하기 위한 체계적인 변화를 꾀했는데, 여기에서 미술 분야도 예외는 아니었다. 서구의 진보적 제도와 기술을 받아들이기 위해 분야별로 국비 유학생을 선발하여 각각의 국가에 이들을 파견했고, 유럽의 전문가들을 국가 기관에 초빙하여 일본인들을 교육시키기도 했다. '새로운 근대 국가 만들기' 프로젝트가 막 시작되던 시기에 새로운 문명을 상징하던 유화 기법이 막 수용되기 시작했던 것이다. 과도기에 제작된 작품인 만큼, 〈오이란〉에는 서양적 요소와 일본의 전통적 요소가 흥미로운 방식으로 접목되어 있다. 객관적으로 대상을 관찰하는 집요한 태도, 사실적 재현에 충실한 방식, 유화 물감의 활용, 붓질로 꾀하는 효과 등은 상당히 서구의 전통을 따른 것이다. 그러나 작품의 소재나 기본적인 구성 방식은 전통화인 우키요에의 미인도를 떠오르게 한다. 그리고 엑스레이를 통해 이 작품을 심층 분석해 보았더니, 광대뼈가 튀어나온 얼굴 부분의 묘사를 위해 일본화의 전통 재료인 연백(鉛白)을 활용했다고 한다. 이렇듯 서구 문화의 일본식 '번안'은 그 당시 모든 분야의 화두였다.

04 달빛 속의 여인

라자 라비 바르마 作 (인도)

인도인이 사랑할 만한 인도의 신화, 춤, 연극 등 전통적인 제재를 선택하면서도, 여기에 서양의 원근법, 음영법을 도입하여 대상을 충실하게 재현해냈다. 그리고 서양의 낭만주의 회화 전통과 인도의 비밀스런 정서를 적절히 혼용하여, 작품에 왠지 모를 아스라함과 신비감을 부여했다.

달빛 속의 여인

라자 라비 바르마
1889년
캔버스에 유채
75 x 59.5cm
인도국립근대미술관 소장

구름 사이로 새어 나온 달빛이 은은하게 호수를 비추는데, 한 여인이 호숫가 바위에 앉아 관객을 바라보고 있다. 그녀는 인도의 전통의상인 사리를 입고 코, 귀, 목, 팔을 각종 장신구로 장식했다. 광원에 비추이는 보석들은 그 광채 덕분에 크기가 작음에도 불구하고 관객의 눈길을 사로잡기에 충분하다. 달빛이 물에 부딪혀 생기는 효과를 표현한 것만 봐도 작가가 상당한 정성을 기울이고 있음을 알 수 있다. 이뿐만 아니라 사리의 부드러운 재질감, 장신구의 매끈한 표면이 마치 만져질 듯 생생하게 표현되었다. 머리카락을 길게 늘어뜨린 여인은 입술을 다문 채 조용히 신비스런 우아함을 발산하고 있다.

달빛, 밤, 물 등의 요소는 낭만주의 시대 여성성의 상징이었다. 그러한 상징적 요소를 배경으로하고 앉아 있는 여인은 곧 아름다움과 덕성을 표상하는 전형으로 작용한다. 라자 라비 바르마(Raja Ravi Varma, 1848-1906)는 현실 세계에 존재하지 않을 것만 같은 신비한 아름다움을 여인의 모습을 통해 표현하려고 했던 것이다. 그는 19세기 인도 유화계 전체를 압도하는 엄청난 영향력을 지닌 예술가였다. 라자 라비 바르마는 현재의 케랄라(Kerala) 지역에 해당하는, 트라반코르(Travancore) 태수국(princely state)에서 학자인 아버지와 시인이자 작가인 어머니 사이에서 태어났다. 그가 태어났을 당시엔 아직 영국이 직접 통치를 하기 전이었지만, 세포이 항쟁 직후인 1858년, 영국은 동인도회사로부터 자국의 빅토리아 여왕에게로 통치권을 이관하였고, 인도는 본격적으로 영국의 식민 지배를 받게 된다. 라자 라비 바르마는 전 생애에 걸쳐 나라의 뒤바뀐 운명을 몸소 체험한 세대였다.

라자 라비 바르마는 주로 인도의 왕실과 관계를 맺고 왕실 가족 초상화를 주문 제작했다. 기본적으로 인도식 회화 교육을 받았지만, 인도에 거주하던 네덜란드인 초상화가로부터 유화를 배우기도 했다. 이러한 배경 덕분에 그는 서양화 기법을 인도식에 접목하고 나름의 방식으로 번안하는 데 누구보다도 뛰어났다. 인도인이 사랑할 만한 인도의 신화, 춤, 연극 등 전통적인 제재를 선택하면서도, 여기에 서양의 원근법, 음영법을 도입하여 대상을 충실하게 재현해냈다. 그리고 서양의 낭만주의 회화 전통과 인도의 비밀스런 정서를 적절히 혼용하여, 작품에 왠지 모를 아스라함과 신비감을 부여했다.

나중에 그는 유화식 석판화(oleograph) 기법을 직접 개발하였는데, 지금까지도 인도에서 여전히 사람들이 몸에 지니고 다니는 여러 인도의 신이나 여신들의 형상을 제작하는 데 쓰이고 있다. 신에 대한 대중적 묘사의 표본을 제공했다는 점에서 라자 라비 바르마는 인도 역사상 가장 영향력 있는 예술가 중 하나로 꼽힐 것이다. 대중적으로 대단한 성공을 거둔 작가의 배경에는, 조국이 전면적인 식민 통치 체제로 떨어진 상황에서 인도인의 정서를 대변하고 위로해줄 예술가의 존재를 필요로 했다는 점이 감안되어야 한다. 꿈속을 거니는 것 같은 그가 빚어낸 아름다운 인도 여인상은, 인도가 처한 현실과 이상적 꿈 사이의 괴리를 잠시나마 잊게 해주는 일종의 위약이었을지도 모른다.

05 리잘

파비안 데 라 로사 作 (필리핀)

작품은 서양의 아카데믹한 초상화의 전통을 충실히 따르려는 듯, 갈색 톤의 중성적인 색채와 안정된 구도를 특징으로 하고 있다. 그러나 초상화의 대상에서는 민족주의적인 정서가 물씬 풍긴다. 작가는 호세 리잘이 처형된 해인 1896년에 일어난 필리핀 혁명이 일단락된 1902년, 이 작품을 그렸다.

리잘

파비안 데 라 로사
1902년
캔버스에 유채
65 x 49cm
싱가포르국가유산위원회 소장

아직 앳된, 청년의 티를 채 벗지 못한 한 인물이 관객을 응시하고 있다. 단정한 용모에 선한 눈빛을 하고 있지만, 그의 표정에선 왠지 모를 단호함과 강인한 의지가 느껴진다. 어두운 배경 사이로 서서히 드러나는 그의 주변으로 어쩐지 비밀스러운 공기마저 흐르는 것 같다. 필리핀의 국민영웅 호세 리잘(José Rizal, 1861-1896)의 초상이다. 호세 리잘은 300년이 넘는 긴 시간 동안 스페인 치하에서 속국 신세를 면치 못한 조국 필리핀의 독립을 위해 일생을 바친 독립운동가로, 필리핀 독립의 아버지로 추앙받고 있는 인물이다.

1861년 부유한 지주 집안에서 태어난 그는 마닐라대학을 졸업하고 의학을 공부하기 위해 스페인의 마드리드대학으로 유학을 떠난다. 유학 시절 리잘은 스페인의 차별 정책과 핍박 받는 필리핀의 현실을 개탄하면서 스페인의 대식민지 정책을 비판하고 개혁을 요구하는 언론 활동에 적극적으로 참여한다. 1886년, 필리핀인들의 자각을 촉구하고 민족정신을 일깨우기 위해 그가 발표한 소설 《나에게 손대지 말라(Noli me tangere)》는 스페인뿐만 아니라 필리핀 전역에 큰 사회적 파장을 일으켰다.

《나에게 손대지 말라》가 불온서적으로 간주되어 스페인 정부로부터 추방당한 호세 리잘은 필리핀으로 돌아와 1892년에 필리핀 민족동맹(La Liga Filipina)을 결성한다. 그는 비폭력주의를 주장하며 계몽을 통한 사회개혁으로 독립을 이루고자 했다. 하지만 그를 눈엣가시처럼 여긴 총독부는 그를 무장 독립운동 단체인 카티푸난(Katipunan)의 배후로 지목하고 체포한다. 그 후 호세 리잘은 감옥에서 수감생활을 하다 1896년 12월 30일에 반식민 폭동의 배후 조종이란 죄목으로 마닐라 시내(훗날 이곳에 리잘 공원이 세워진다)에서 공개 총살형을 당한다. 처형 전날 밤, 호세 리잘은 시 한 편을 남긴다. 서른여섯의 젊은 나이에 조국을 위해 죽어간 그가 남긴 〈나의 마지막 인사(Mi Ultimo Adios)〉는 필리핀인들의 가슴을 울렸다.

잘 있거라, 사랑하는 나의 조국이여 태양의 영토여
동방 바다의 진주, 우리가 잃어버린 에덴동산이여
나의 이 슬프고 억압된 생을, 기꺼이 너를 위해 바치리니
더욱 빛나고, 더욱 활기차고, 그래서 가장 꽃피는 날들이 오도록
조국을 위해, 그리고 모두의 안녕을 위해 이 한 목숨 바치리니

전쟁터에서 혼신을 다해 싸우는 형제들도
한 점 망설임도 두려움도 없이 조국을 위해 목숨을 바치나니
어디건 무슨 상관이랴, 사이프러스, 월계수 나무 아래건, 백합꽃 곁이건
교수대이건, 벌판에서건, 항쟁하다 혹은 순교로 스러지는 어디서이건,
나의 고향과 내 조국이 부르는 곳이면 어디나 다 한 가지

하늘이 어두운 망토 뒤에서, 벌겋게 달아오르며
마침내 새 날을 알리는 모습을 보며, 나는 죽어가노라
너의 여명을 물들일 꽃물이 필요하다면
거기 나의 피를 부어라, 기꺼이 나의 핏방울을 쏟으리라
밝아오는 햇살에 하나의 빛을 더할 수 있도록

(중략)

내 사랑하는 조국이여, 나의 가장 크나큰 슬픔이여
사랑하는 필리핀이여, 나의 마지막 작별인사를 들으라
모두 내려놓고 가노라, 부모님과 내가 사랑하는 모두를
나는 가노라, 노예도, 압제자도, 사형집행인도 없는 곳으로
신념이 사람을 죽이지 않는 그곳, 오직 신만이 다스리는 그곳으로

부디 안녕히, 부모형제 그리고 내가 사랑한 모두들
내 어린 시절 친구들과 고통 받는 조국에서 만난 모든 사람들
지치고 힘든 날들에서 이제야 겨우 쉬게 되었으니 감사하오
잘 있어요, 다정한 이국의 아가씨, 친구들, 내 생을 빛내준 사람들이여
내가 사랑한 모두들 부디 안녕히, 죽는 건 쉬는 일이니

— 호세 리잘, 〈나의 마지막 인사〉 중에서

호세 리잘의 모습을 그린 파비안 데 라 로사(Fabian de la Rosa, 1869-1937)는 스페인 통치 기간 중 필리핀에 세워진 미술공업학교에서 미술을 배웠고, 후에 장학금을 받아 파리 아카데미 줄리앙에서 수학한 바 있다. 그의 작품은 서양의 아카데믹한 초상화의 전통을 충실히 따르려는 듯, 갈색 톤의 중성적인 색채와 안정된 구도를 특징으로 하고 있다. 그러나 초상화의 대상에서는 민족주의적인 정서가 물씬 풍긴다. 작가는 호세 리잘이 처형된 해인 1896년에 일어난 필리핀

혁명이 일단락된 1902년, 이 작품을 그렸다. 그 무렵 필리핀은 스페인의 오랜 통치에서는 벗어났지만, 또 다시 미국의 식민 통치를 받게 되었다. 이제는 더 이상 생존하지 않는 독립영웅 호세 리잘의 초상화를 그리며, 작가는 필리핀 역사의 새로운 전환점을 서글픈 심정으로 기념하고 있는 것 같다.

06 라빈드라나트 타고르

데비프라사드 로이 쵸드리 作 (인도)

대상의 안정감 있는 구도, 양감의 충실한 표현, 세밀하고 섬세한 사실적 묘사 등은 서양화법을 익힌 그의 능력을 잘 보여준다. 또 다른 하나는 1920~30년대 특히 유행했던 벵골화파의 새로운 전통이다. 마치 안개에 싸인 듯, 베일에 가려진 듯, 아스라한 표면 처리를 통해 일종의 신비감을 불러일으키는 표면 효과가 바로 그것이다.

50

라빈드라나트 타고르

데비프라사드 로이 쵸드리
제작연도 미상
종이에 템페라
40.5 x 33.5cm
인도국립근대미술관 소장

덥수룩한 흰 머리에 기다란 수염을 기른 어떤 남자가 의자에 기대앉아 강한 눈빛으로 한쪽을 응시하고 있다. 그는 바로 라빈드라나트 타고르(Rabindranath Tagore, 1861-1941)이다. 인도의 지성을 대표하는 그는 당시 영국령이었던 인도 제국 서벵골 주의 콜카타에서 태어났다. 영국 런던대학 법학과를 중퇴하고 귀국한 후, 인도 벵골어로 수많은 시를 썼다. 1913년에는 아시아인 최초로 노벨문학상을 받기도 했다. 타고르는 시인으로서뿐만 아니라 화가로서도 상당한 업적을 쌓았다. 그가 그린 작품들은 인도의 비극적인 운명을 자탄하는 지식인의 초상처럼, 우울하고 세기말적이며 상징적이고 어둡다.

그런데 무엇보다 타고르의 가장 위대한 업적 중 하나는 콜카타에서 약 150km 정도 떨어진 황야, 산티니케탄(Santiniketan)을 아름답게 일구어, 그곳에 문학과 예술을 아우르는 인도식 학교를 설립한 일일 것이다. 1901년 산티니케탄에 실험적 학교를 창설한 그는, 1921년에는 비스바바라티대학을 설립했고 여기에 '미술과'를 개설했는데, 지금까지도 수많은 예술가들을 배출해내고 있다.

데비프라사드 로이 쵸드리(Deviprasad Roy Chowdhury, 1890-1975)가 이 작품을 제작했을 당시 타고르는 이미 상당한 노령에 이르렀던 것으로 보인다. 작품의 정확한 제작 연도는 알려져 있지 않지만, 아마 타고르가 60~70대 무렵이었을 것이다. 옷 위로 늘어뜨려진 '안경'은 그의 나이뿐 아니라 지식인으로서의 인상을 더해준다. 또한 생각에 잠긴 듯 강렬한 그의 눈빛은 캔버스 화면 바깥까지 공간을 확장시켜, 관객을 저 멀리 상상의 세계로 인도하는 것 같다.

로이 쵸드리는 일찍부터 서구식 미술교육을 받았고, 1929년에는 마드라스(현재의 첸나이) 국립미술공예대학의 학장으로 임명되었으며, 마드라스를 중심으로 발전한 인도 남부 미술계에 지대한 영향을 미친 인물이다. 이 작품을 제작했을 때 그는 두 가지의 전통을 염두에 둔 것처럼 보인다. 하나는 그가 영국령 인도에서 교육받은 서양 화법을 자연스럽게 소화하는 일이었다. 대상의 안정감 있는 구도, 양감의 충실한 표현, 세밀하고 섬세한 사실적 묘사 등은 서양 화법을 익힌 그의 실력을 잘 보여준다. 또 다른 하나는 1920~30년대 특히 유행했던 벵골화파의 새로운 전통이다. 마치 안개에 싸인 듯, 베일에 가려진 듯, 아스라한 표면 처리를 통해 일종의 신비감을 불러일으키는 표면 효과가 바로 그것이다. 라빈드라나트 타고르의 조카이자 유명한 화가인 아바닌드라나트 타고르(Abanindranath Tagore 1871-1951)가 콜카타를 중심으로 발전시킨 소위 '벵갈 양식'은 식민지 시대 인도의 민족양식을 대변한다. 이러한 과정을 거치며 서구의 기술과 인도의 정신을 융합한 새로운 형태의 회화가 등장한 것이다. 식민지 시대 미술 양식을 통해 민족의 '자존심'을 회복하려는 시도는 인도를 포함한 아시아인 예술가 모두의 과제였다.

07 해질녘

김관호 作 (대한민국)

김관호는 이 작품이 자신의 고향인 평양 대동강을 배경으로 한 것이라고 설명
했다. 여인의 인체 비례 또한 서양인이라기보다는 동양인의 것에 가까워 보인다.
목욕하는 여인의 '뒷모습'에 주목한 것도 일종의 동양적인 신비감을 불러일으키
는 전략인 듯하다.

56

해질녘

김관호
1916년
캔버스에 유채
127.5 x 127.5cm
도쿄예술대학미술관 소장

노을 지는 강변을 배경으로 나체의 두 여인이 관객을 등지고 서 있다. 목욕하는 중임에는 틀림없어 보이지만, 이들의 우아한 자세가 마치 모델과 같은 인상을 준다. 하루 중 해질 무렵에만 발산되는 붉은 빛깔에는 모든 사물을 극적으로 아름답게 보이게 하는 효과가 있다. 그 덕분에 여인의 피부색과 하늘을 떠다니는 구름의 붉은 색조가 서로 조화롭게 일체되어, 인간과 자연의 융화를 시각적으로 느끼도록 한다.

원래 '목욕하는 여인'이라는 소재는 서양의 경우 그리스 시대의 조각에서부터 매우 흔하게 등장해왔다. 완벽한 아름다움 표현하기에는 여신의 몸처럼 적절하고 매력적인 주제는 없었을 테니까. 하지만 아무리 서구의 오랜 전통이라 한들 한국 문화 속에 처음 녹여내려면 당연히 엄청난 충돌이 일어날 수밖에 없다.

〈해질녘〉은 평양 출신의 화가 김관호(1890-1958)가 1916년에 그린 작품이다. 그는 1911년 동경미술학교에 입학하여 1916년 졸업하였는데, 졸업 작품으로 제작한 〈해질녘〉을 이듬해 일본 문부성전람회에 출품했다가 특선을 수상함으로써 한국의 언론에서도 대서특필 되었다. 그런데 당시 누드는 신문에 게재할 수 없었기 때문에, 전람회의 특선 소식과 함께 작품 이미지는 싣지 못했다.

김관호는 이 작품이 자신의 고향인 평양 대동강을 배경으로 한 것이라고 설명했다. 여인의 인체 비례 또한 서양인이라기보다는 동양인의 것에 가까워 보인다. 목욕하는 여인의 '뒷모습'에 주목한 것도 일종의 동양적인 신비감을 불러일으키는 전략인 듯하다. 한국인으로서 일본에서 아카데믹한 서양화 교육을 받은 1세대 작가였던 김관호. 그는 서양의 전통적 소재, 인체 표현, 재료와 기법 등을 활용하면서도, 동양적 미감을 발현하기 위해 나름의 노력을 기울이고 있었다.

일본에서도 재능 있는 작가로 인정받은 그였지만, 1916년에 돌아온 고국의 사회적 환경은 그가 계속 유화를 그리기에는 너무나도 척박했다. 평양에서 개인전을 열고 미술교육 활동에 투신하기도 했지만, 이내 그는 미술계에서 완전히 멀어졌다. 한국전쟁 후 1950년대 후반, 그가 말년에 이르렀을 때 그의 재능이 다시 한 번 잠시나마 발현된 기록이 남아 있을 뿐이다.

08

가족도

배운성 作 (대한민국)

'선'이 강조되면서 자연스레 대상은 양감을 상실한 채 종이처럼 평면적이고 장식적으로 보이게 된다. 서양화법의 원근법을 정확히 따르지 않는 대신, 공간 구성이나 사물 하나하나를 정성스럽게 설명하듯 그려내는 것도 의도된 전략으로 보인다.

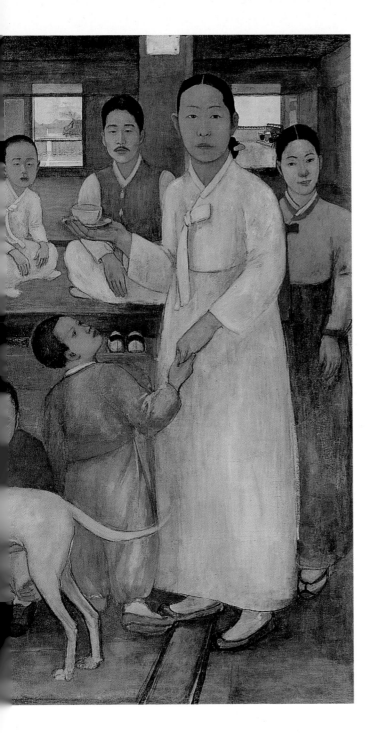

가족도

배운성
1930~35년
캔버스에 유채
140 x 200cm
전창곤 소장

가족 구성원들 중 최고 어른으로 보이는 여인이 품에 어린 아이를 안고서 의자에 앉았고, 그 바로 아래 이제 막 돌을 맞은 어린 아이가 화려한 고까옷을 입고 엉거주춤 앉은 자세를 취하고 있다. 삼대에 걸친 대가족이 한국의 전통 한옥을 배경으로 한자리에 모인 것이다. 마당에는 돗자리가 깔려 있고, 뒤에 펼쳐진 툇마루 저 멀리에는 뒷마당의 모습이 언뜻 보인다. 흰 옷을 입은 어른들과 색깔 옷을 입은 아이들은 대부분 무표정에 가까운 얼굴로 정면을 응시하고 있다. 화면의 맨 왼쪽에 서 있는 남자, 그리고 화면 맨 오른쪽의 여자만이 얼굴을 살짝 돌린 채 가벼운 미소를 머금고 있다. 그 중 왼쪽의 남자가 바로 이 작품을 그린 화가 배운성(1900-1976) 본인이다.

매우 사실적이고 기록적인 그림이면서도 어쩐지 비밀을 품고 있을 것 같은 분위기마저 자아내는 이 작품은 화가가 1930~1935년 동안 독일에 거주하던 당시 제작한 것이다. 1935년 독일의 함부르크 민속박물관에서 열린 그의 개인전에 이 작품이 출품되었을 때, 독일 관객들의 눈에 한국 대가족의 초상화는 더욱 이국적이면서도 인상적으로 보였을 것이다.

배운성은 1900년 서울에서 태어났다. 집안이 그리 부유하지 못해 15세부터 서화 애호가에 갑부였던 백인기라는 이의 집에서 일꾼으로 살았다. 워낙 영리하고 재능이 많았던 만큼 주인은 그에게 고등교육의 기회를 주었고, 자신 아들의 시중을 드는 겸 함께 일본을 거쳐 독일 유학까지 다녀오게 했다. 1922년 처음 유럽 땅을 밟은 배운성은 프랑스 마르세이유의 한 미술관에서 서양화를 보고 너무나 큰 감화를 받고 독일에서 본격적인 미술 공부를 시작하기로 마음먹었다. 독일 유학 중 주인집 아들은 병으로 귀국했으나 배운성은 계속 남아 학업을 이어갔으며, 1937년부터는 프랑스 파리에서 상당한 주목을 받으며 활발하게 활약했다. 제2차 세계대전이 발발해 1940년 귀국했는데, 한국전쟁 중 월북하여 1976년 평안북도에서 사망했다. 그는 20세기 식민지 시대와 냉전 시대를 관통하며, 선택에 의해서든 강제에 의해서든 일종의 '유랑'의 삶을 살 수밖에 없었던 지식인의 초상을 대변한다.

철저하게 기록적인 성격을 담고 있는 〈가족도〉가 서양인의 눈에 어쩐지 특이하게 보인 게, 단지 한국적 소재나 초상화 속 인물들이 입고 있던 의상 때문만은 아니다. 배운성은 기법 측면에서도 의도적으로 한국 전통회화 기법을 차용하고 있는데, 예컨대 가늘고 검은 윤곽선을 그리고 그 안에 색을 채워 넣는 방식은 '백묘법(白描法)'을 연상시킨다. 이렇게 '선(線)'이 강조되면서 자연스레 대상은 양감을 상실한 채 종이처럼 평면적이고 장식적으로 보이게 된다. 서양화법의 원근법을 정확히 따르지 않는 대신, 공간 구성이나 사물 하나하나를 정성스럽게 설명하듯 그려내는 것도 의도된 전략으로 보인다. 배운성은 서양인의 눈에 독특하고 흥미롭게 보였을 한국의 매력을 잘 파악하고 있었으며, 이를 호소력 있게 표현할 줄 알았다.

09 베트남 풍경

응우옌기어찌 作 (베트남)

작품의 기본적인 틀은 서양화식이기보다는 오히려 베트남 전통화 방식에 가깝다. 나무판 위에 옻칠을 통해 여러 색의 겹을 입힘으로써 풍경화를 제작했다. 베트남의 전통공예 분야에서 주로 활용되는 옻칠 기법을 순수회화 장르에 끌어들인 놀라운 발상이었다.

베트남 풍경

응우옌기어찌
1940년
패널에 옻칠
159 x 119cm
싱가포르국가유산위원회 소장

〈베트남 풍경〉은 금색, 적색, 흑색의 제한된 색채만을 활용하여, 근경과 원경을 사실적으로 표현한 놀라운 풍경화이다. 근경을 이루는 나무는 특히 가까이 포착되어 이파리 하나하나까지 섬세하게 표현되어 있고, 수풀 사이로 가옥이 평화롭게 자리 잡고 있다. 저 멀리 우뚝 솟은 산의 원경은 구름 사이로 근엄한 모습을 드러내고 있으며, 이 땅의 기운을 지켜주는 거대한 상징물 같다. 풍경화 속 배경은 베트남의 박닌(Bac Ninh) 지역이다. 작품의 매끈한 표면은 베트남의 전통적인 옻칠 기법을 적용함으로써 나타난 효과이다.

작가 응우엔기어찌(Nguyen Gia Tri, 1908-1993)는 1908년 프랑스령 인도차이나의 하타이 지방에서 태어났다. 1925년 하노이에 설립되었던 인도차이나 미술학교(École des Beaux Arts d' Indochina)에 입학하여 정식 미술교육을 받았다. 이 학교의 교장이었던 프랑스인 빅토르 따르디유(Victor Tardieu)는 베트남 사람들에게도 상당히 존경받던 인물이었다. 그는 단순히 유럽의 인상주의를 교육하는 데 그치지 않고, 비단이나 옻칠 등 베트남 고유의 매체를 이용한 베트남만의 양식을 개발할 것을 권장했다. 또한 항상 '베트남적인 것'이 무엇인지 스스로 찾아야 한다고 역설하면서, 작품을 통해 화가가 나름의 방식으로 문제를 해결하기 위해 꾸준히 노력해야 한다고 강조했다.

응우엔기어찌는 1933년 잠시 휴학하고 프랑스로부터의 베트남 독립을 외치는 민족주의 운동에 투신하기도 했다. 그 후 교장의 설득으로 다시 학업에 복귀해 1936년 학교를 졸업했다. 졸업하고 4년쯤 흐른 1940년에 제작된 〈베트남 풍경〉은 작가가 서양식 화법과 베트남식 전통을 접목시키는 문제를 줄곧 고민

해오다가 마침내 해결 방법을 찾은 결과물이다.

작품의 기본적인 틀은 서양화식이기보다는 오히려 베트남 전통화 방식에 가깝다. 나무판 위에 옻칠을 통해 여러 색의 겹을 입힘으로써 풍경화를 제작했다. 베트남의 전통공예 분야에서 주로 활용되는 옻칠 기법을 순수회화 장르에 끌어들인 놀라운 발상이었다. 이를테면 베트남의 전통적 '그릇'에 서양식 풍경화를 담아낸 것이다. 화면의 탄탄한 구성과 원근법적 표현을 통해 서양화적 특징을 꾀하면서도, 옻칠 기법을 통해 평면성, 장식성, 공예성을 십분 발휘했다. 매우 아름답고 매력적이면서 대단히 민족적인 작품이라 할 수 있을 것이다.

2장

향토를
그림으로써
민족의 정체성을
담아내다

예술가들은 민족의식의 자각과 식민화된 조국에 대한 깊은
애정을 바탕으로 '국토'를 소재로 작품활동을 해나갔다. 삶의
터전으로서의 국토를 담아내기 위해서는 자국의 영토, 기후,
풍속, 일상생활에 깊은 관심을 갖는 게 우선이었고, 이 과정에
서 '향토(鄕土)'를 소재로 한 작품들이 많이 제작되었다.

19세기 제국주의 열강의 식민지 경영이 가속화되면서, 20세기 초에 이르렀을 때는 일본을 제외한 아시아 대부분의 국가가 식민지 혹은 반(半)식민지 상황에 처해졌다. 유럽 열강 간의 극단적인 경쟁은 결국 제1차 세계대전의 발발을 불러왔다. 1919년, 전쟁이 종결된 직후 개최된 파리강화회의에서 윌슨 대통령이 내세운 '민족자결주의'는 피식민지 국민들로 하여금 '자결'과 '독립'을 향한 희망의 빛을 던져주는 것처럼 보였다.

이에 예술가들 또한 민족의식의 자각과 식민화된 조국에 대한 깊은 애정을 바탕으로 '국토'를 소재로 작품활동을 해나갔다. 삶의 터전으로서의 국토를 담아내기 위해서는 자국의 영토, 기후, 풍속, 일상생활에 깊은 관심을 갖는 게 우선이었고, 이 과정에서 '향토(鄕土)'를 소재로 한 작품들이 많이 제작되었다.

그렇다고 그 당시 탄생한 작품들을 모두 하나의 잣대로만 판단해서는 곤란하다. 세계의 정세가 그리 단순하게 전개된 것도 아니었으며, 그러한 정치적 상황이 각 예술가의 작품세계에 온전한 원인으로 작용했다고 보기도 어렵다. 각 나라마다 서로 다른 전통적 특징이나 시기마다 급변하는 복잡한 정치적 국면에 따라, 향토를 주제로 한 그림들의 성격과 의미도 매우 다층적인 동시에 다변적이었다. 즉, 아시아에서 향토적 작품의 유행은 상당히 복잡한 층위 위에서 재해석되어야 하는 것이다.

어떤 작품들은 우리 삶의 뿌리나 마찬가지인 농촌의 풍경을 일종의 향수와 동경의 대상으로 이상화시킨다. 아름다운 대지를 터전으로 평화롭게 농사를 지으며 소박하게 살아가는 사람들의 모습. 그것은 아시아 국가에 사는 대부분의 사람들에게는 오랫동안 실제적인 삶의 모습이었고, 따라서 그 모습을 담은 작품들은 그리운 시절에 대한 향수를 불러일으키며 현실에 위안을 안겨줬다. 그러나 작품 속의 지극히 평화롭고 이상화된 광경들은 일면 식민 지배층들의 이국적 취향을 만족시켜준다거나, 시대의 끔찍한 현실을 외면한 '도피'에 불과하다는 평가를 받기도 했다.

어떤 작품들은 농촌에서 생활하는 농부들의 삶을 좀 더 밀접하게 접근해서 관찰함으로써, 소박한 삶이 가져다주는 활력이나 노동의 신성함 자체에 초점을 두기도 했다. 농촌의 삶을 이상화하는 대신, 신성한 노동에 종사하는 농민의 자주적이고 긍정적인 에너지를 찬미하려는 의도인 것이다.

민족주의를 표방하는 세력과 다른 한편으로 세계 노동자 연대를 통한 사회주의를 표방하는 세력 간의 긴장이 결과적으로 제2차 세계대전의 원인을 제공했고, 이후 전쟁은 끔찍한 총력전을 거쳐 1945년에 이르러서야 종결을 맺었다. 그리고 이후 대부분의 아시아 국가들은 오랜 식민 통치기간을 뒤로 한 채 각각 독립을 맞이하였다.

이제 예술가들에게 새롭게 부여된 과제는 독립 국가의 체제와 정체성을 어떻게 표현해낼 것인가의 문제였다. 그 당시 제작된 새로운 국가의 번영을 기원하며 희망찬 미래를 제시하는 일련의 작품들은 언뜻 보면 평화로운 농촌 풍경을 그린 비정치적 성격인 것처럼 보이지만, 시대가 요구한 이념에 따른 결과물이라는 대단히 정치색이 강한 작품이라고 볼 수도 있다. 자국의 땅과 문화에 대해 자부심을 일깨워주기에 예술 작품들은 활용 가치가 높은 훌륭한 교육적 수단이었던 것이다.

　그러나 어떤 의도로 제작하려던 간에, 향토와 관계된 주제로 그림을 그리려면 작가 본인이 터 잡고 있는 주변의 자연과 환경에 대해 관찰하고 끊임없이 애정 어린 관심을 쏟아야만 했던 건 확실하다. 이 때문에 향토화에서는 불합리한 시대적 요청이나 제약 속에서도 자신의 정체성을 찾아가며, 자국의 미술적 언어를 발전시키려는 예술가들의 고투(苦鬪)를 발견할 수 있다. 이 같은 작품들이 오랫동안 여러 아시아 국가에서 유행하고 사랑 받았던 이유도 여기에 있을 것이다.

01 농부 귀가

아사이 추 作 (일본)

딸이 어린 나이에도 제 몫을 하려는 듯 삼태기와 멱서리를 힘겹게 들고선 길을 청하고, 농부가 지게에 볏짚을 한가득 지고 뒤따라 걷고 있다. 시선은 약간 아래로 향한 채 입을 굳게 다물고 천천히 발걸음을 옮기고 있는 모습이, 매일 반복되는 일상의 한 순간임에도 불구하고 마치 신성한 의례의 한 과정을 이행하는 듯 엄숙해 보인다.

80

농부 귀가

아사이 추
1887년
캔버스에 유채
135.5 x 98.5cm
히로시마미술관 소장

하루 일과를 마치고 집으로 돌아가는 농부 일가족의 모습을 담은 작품이다. 벼 훑이를 짊어지고 주전자를 손에 든 부인 옆으로 딸이 어린 나이에도 제 몫을 하려는 듯 삼태기와 먹거리를 힘겹게 들고선 길을 청하고, 농부가 지게에 볏짚을 한가득 지고 뒤따라 걷고 있다. 시선은 약간 아래로 향한 채 입을 굳게 다물고 천천히 발걸음을 옮기고 있는 모습이, 매일 반복되는 일상의 한 순간임에도 불구하고 마치 신성한 의례의 한 과정을 이행하는 듯 엄숙해 보인다.

이 작품을 제작한 아사이 추(Asai Chu, 1856-1907)는 일본 근대 유화가 1세대에 속하는 작가이다. 1876년 일본 최초의 근대 미술교육 공립기관인 공부미술학교가 개교하자마자 입학하여, 이탈리아인 교수 안토니오 폰타네지(Antonio Fontanesi, 1818-1882)로부터 서양화법을 익혔다. 안토니오 폰타네지는 프랑스 바르비종 화파의 영향을 많이 받은 작가로, 밀레의 그림에서 살펴볼 수 있듯이 농촌의 일상생활을 종교적인 경건함으로 재해석하는 경우가 많았다. 아사이 추가 31세에 그린 〈농부 귀가〉에서도 이런 스승의 영향을 다분히 읽을 수 있다.

이 작품은 1887년 열린 도쿄부 공예품 공진회에 출품하기 위해 제작된 것이어서, 작가는 농촌에서 활용되는 갖가지 도구와 의상의 특징까지 세심한 주의를 기울여 표현하고자 했다. 아사이 추는 이후 1894년 청일전쟁 때 종군하여 한국을 배경으로 한 풍경화와 스케치를 남기기도 했으며, 1900년에는 파리 만국박람회 참가를 계기로 박람회가 끝난 뒤에 약 2년간 프랑스에서 체류하며 작품활동을 이어 나갔다.

목가적인 아름다움으로 가득한 농촌의 풍경은 실제로는 훨씬 더 힘겨운 농촌생활을 체험해보지 못한 지식인의 시선에서 비롯된, 일종의 환영에 불과한 것일지도 모른다. 그러나 그 당시 농촌의 상황에 대한 사실 여부를 떠나, 이 작품은 19세기 후반에서 20세기 전반에 이르는 동안 유럽과 러시아, 심지어 아시아의 지식인들 사이에서 농촌생활을 세밀하게 관찰하고 계몽하려는 열망이 강렬했음을 증명해준다.

02 모내기

페르난도 아모르솔로 作 (필리핀)

〈모내기〉는 흙먼지가 전혀 날리지 않고, 땀 냄새가 전혀 나지 않는, 아름답고 평온하며 우아하기까지 한 농촌 풍경을 담고 있다. 수평적으로 안정된 구도 위에 마치 오선지의 음표처럼 배치된 인물들의 우아한 동작은 필리핀의 실제 농촌 생활과는 상당한 괴리를 보여주고 있을 테다.

모내기

페르난도 아모르솔로
1924년
캔버스에 유채
69 x 99cm
파울리노 케 부부 소장

넓게 파노라마처럼 펼쳐진 풍경을 배경으로 농부들의 모내기가 한창이다. 저 멀리 양산을 쓰고 기타를 연주하면서 노동의 흥을 돋우는 악사도 있는 걸 보니, 농부들은 그의 음악에 맞추어 마치 무용하듯 각자의 일을 수행해 나가고 있는 것 같다. 화면 왼쪽에 어깨를 살짝 드러낸 여인은 너무나 우아한 나머지 농부라기보다는 무대 위의 모델처럼 보일 정도다. 〈모내기〉는 흙먼지가 전혀 날리지 않고 땀 냄새가 전혀 나지 않는, 아름답고 평온하며 우아하기까지 한 농촌 풍경을 담고 있다. 수평적으로 안정된 구도 위에 마치 오선지의 음표처럼 배치된 인물들의 우아한 동작은 필리핀의 실제 농촌생활과는 상당한 괴리를 보여주고 있을 테다.

페르난도 아모르솔로(Fernando Amorsolo, 1892-1972)는 이러한 목가적인 전원 풍경과 건강하고 아름다운 농촌 처녀의 묘사를 바탕으로 일명 "아모르솔로 화파"를 창시한 인물이다. 그는 필리핀 근대미술사상 가장 성공한 작가 중 한 사람이다. 그가 태어난 지 6년쯤 지난 1898년, 필리핀은 수 세기에 걸친 스페인에 의한 식민 통치로부터 마침내 독립을 쟁취해냈지만 곧바로 미국의 식민 지배를 받게 된다. 아모르솔로는 1908년 미국 정부가 최초로 설립한 국립대학인 필리핀대학 미술학부에 1914년 입학했다. 이후 장학금을 받고 유럽을 여행했으며, 귀국한 후에는 동 대학 미술학부 책임자가 되어 1952년 은퇴할 때까지 교수로 재직했다.

그의 화풍은 외국인 여행객이나 필리핀의 상류층 관료들이 선호하는 목가적인 풍경화였기에, 당시 대단한 성공을 거둘 수 있었다. 아모르솔로 특유의, 필리핀의 열대 기후를 회화적으로 표현하는 기술, 즉 작열하는 태양과 습윤한 공기마저 생생히 느끼도록 하는 회화적 기교는 많은 이들을 사로잡았다. 〈모내기〉에서 논 표면에 고인 맑은 물 위로 사람들과 하늘, 구름까지 반사되는 순간을 포착해낸 아모르솔로의 세밀한 표현력은 작품을 감상하는 재미를 높이는 동시에, 그를 잊지 못할 작가로 각인시킨다.

그러나 1920~1930년대 유명세의 절정에 다다랐던 그의 작품은 다음 세대의 작가들에 의해 고단한 노동의 현실을 외면했다는 비난을 받기도 했다. 자연과 인간의 이상적인 조화만을 지나치게 강조한 풍경화 속의 평화롭고 미화된 장면은 현실을 잊게 하는 '거짓 평화'에 불과하다는 것이었다.

03

석양에 물든
인도네시아 마을

압둘라 수리오수브로토 作 (인도네시아)

화가들은 세계에서 가장 많은 섬들로 이루어진 나라로서 지역에 따라 인종과
기후가 다양한 인도네시아의 빼어난 풍광과 매력을 탐구하며, 이를 화폭에 담고
자 했다. 식민 지배 기간 동안 더욱 두터워진 국토, 특히 향토에 대한 애정이 무
이 인디 양식을 촉발시켰다.

92

석양에 물든 인도네시아 마을

압둘라 수리오수브로토
제작연도 미상
캔버스에 유채
65 x 145cm
싱가포르국가유산위원회 소장

아직 도시화와 산업화의 때가 묻지 않은, 자연 그대로의 모습을 간직한 시골의 정취가 느껴지는 풍경화이다. 집과 울창한 나무숲 너머로 보이는 하늘은 석양에 붉게 물들었고, 그 아래 촌락의 풍경에서는 왠지 모를 애잔함마저 묻어난다. 자연이 자아내는 고요하고 차분한 기운을 온전히 흡수한 듯한 이 그림은 보는 이들의 마음까지 평화롭게 만든다.

이 작품을 그린 압둘라 수리오수브로토(Abdullah Suriosubroto, 1878-1942)는 인도네시아의 아름다운 자연 풍광을 찾아 그 모습을 있는 그대로 화폭에 담아내는 '무이 인디(Mooi Indie)' 양식을 이끌었다. 무이 인디는 '아름다운 인디스'라는 뜻으로 네덜란드의 오랜 식민 지배 아래 있던 인도네시아가 자국의 '민족적 부흥'을 기치로 내걸고 1908년부터 시작한 계몽 운동의 한 차원에서 비롯된 것이다. 화가들은 세계에서 가장 많은 섬들로 이루어진 나라로서 지역에 따라 인종과 기후가 다양한 인도네시아의 빼어난 풍광과 매력을 탐구하며, 이를 화폭에 담고자 했다. 식민 지배 기간 동안 더욱 두터워진 국토, 특히 향토에 대한 애정이 무이 인디 양식을 촉발시켰다.

특히 압둘라 수리오수브로토가 살았던 반둥(Bandung) 지역은 고산지대로, 아름다운 산들이 굽이굽이 이어진 지형에 화산과 온천을 중심으로 대자연의 장엄함을 간직한 곳이었다. 무이 인디 양식을 따르고자 하는 화가들이 영감을 얻기에 최적의 장소였던 것이다. 압둘라 수리오수르로토는 두 차례에 걸쳐 네덜란드를 방문해 미술을 공부하고 프랑스에서도 유학한 경험이 있어, 유화 물감을 자유자재로 사용하고 서양화법을 능숙하게 구사할 줄 알았다. 그는 이를 바탕으로 반둥 지역 등 인도네시아의 여러 지역의 자연환경이 지닌 신비함과 장엄함의 특징을 잘 포착해 담아냈다. 그의 대표작 중 하나인 〈석양에 물든 인도네시아 마을〉에서는 열대우림 기후에서 자라는 수목들, 인도네시아의 전통 가옥, 강렬한 빛깔의 노을에 물든 하늘과 구름 등 인도네시아의 특징적인 풍광을 생생하게 우리 눈앞에 펼쳐놓았다.

그 당시 인도네시아 전역에 걸쳐 크게 유행했던 무이 인디 양식은 이후 신두다르소노 수조요노(Sindudarsono Sudjojono, 1913-1986)를 비롯한 현실참여적 예술가들에게 강한 비난을 받는다. 수 세기에 걸쳐 네덜란드의 식민 통치를 받고 있는 인도네시아의 현실을 외면한 채, 자연의 아름다움에만 과도하게 천착한다는 비판의 목소리는 점점 거세져갔고, 1937년경 제2차 세계대전이 본격화된 시기에 이르러서는 그 유행이 급격히 잦아들었다.

04 해당화

이인성 作 (대한민국)

바다 위의 배, 모래밭에 놓인 소라껍질, 저 멀리 고개 숙인 말, 바닷가의 망부석 같은 바위…… 얼핏 보기에는 이 모든 요소들이 자연스러운 조합처럼 보일지 몰라도, 찬찬히 들여다보면 어쩐지 수수께끼를 간직한 채 제각각 자신의 역할을 맡고 있는 듯하다.

5~6월이면 바닷가의 모래밭에서 풍성하게 피어나는 해당화. 밝고 화사한 해당화를 꺾어 화병에 담으려고 두 명의 어린아이가 꽃들에 다가섰다. 그 앞에서 어떤 여인이 쪼그리고 앉아 집게손가락으로 해당화를 가리킨 채 시선은 어딘가 먼 곳을 응시하고 있다. 그녀는 무엇을 기다리는 것일까? 분명 해당화가 핀 봄의 풍경임에도 이 여인은 아직까지 겨울옷을 걸치고 있다. 구름 사이로 밝은 빛이 비출 듯 말 듯 한데, 조금 전까지 하늘의 검은 먹구름이 비를 뿌렸으리라는 것을 여인의 옆에 놓인 우산을 통해 추측해볼 수 있다. 바다 위의 배, 모래밭에 놓인 소라껍질, 저 멀리 고개 숙인 말, 바닷가의 망부석 같은 바위…… 얼핏 보기에는 이 모든 요소들이 자연스러운 조합처럼 보일지 몰라도, 찬찬히 들여다보면 어쩐지 수수께끼를 간직한 채 제각각 자신의 역할을 맡고 있는 듯하다. 무언가를 향한 갈망과 희구, 바로 이런 이야기를 하고픈 게 아닐까.

이 작품을 그린 이인성(1912-1950)은 대구의 유화가 1세대에게서 그림을 배워 만 17세인 1929년 조선미술전람회(이하 '선전')에서 입선한 이후, 연속 6회 특선을 수상했던 선전 스타였다. 재능을 인정받고 주변의 도움으로 일본 유학을 다녀왔고, 최연소 선전 추천화가로 선정된 바 있다. 하지만 그는 후에 한국전쟁 중인 1950년 경찰과의 사소한 시비로 총에 맞아 숨진 불운의 화가이기도 했다.

〈해당화〉는 제2차 세계대전이 총력전으로 치닫고, 일본의 조선 침탈이 극에 달했던 1944년에 발표되었다. 일본 통치의 마지막 해였던 1944년 선전에서 이인성이 추천작가의 신분으로 출품한 작품이다. 일견 평화로워 보이지만, 왠지 모르게 매우 슬프고 애잔하다. 만해 한용운의 시 〈해당화〉가 연상되는 것도 이 때문이다. 봄은 왔으나 '님'은 오지 않는다는 이야기, 기다려도 기다려도 오지 않는 임을 향한 어찌할 바 없는 심사를 그린 한용운의 시와 이인성의 그림은 식민지 말기 조선의 상황을 너무나도 애절하게 대변하고 있다.

당신은 해당화 피기 전에 오신다고 하였습니다.
봄은 벌써 늦었습니다.
봄이 오기 전에는 어서 오기를 바랐더니,
봄이 오고보니 너무 일찍 왔나 두려워합니다.

철모르는 아이들은 뒷동산에 해당화가 피었다고,
다투어 말하기로 듣고도 못 들은 체 하였더니
야속한 봄바람은 나는 꽃을 불어서
경대 위에 놓입니다 그려.

시름없이 꽃을 주워서 입술을 대이고
'너는 언제 피었니' 하고 물었습니다.
꽃은 말도 없이 나의 눈물에 비쳐서
둘도 되고 셋도 됩니다.

― 한용운, 〈해당화〉

만해 한용운은 1879년 충청남도 홍성에서 태어나 중국, 만주, 러시아, 일본 일대를 돌아다니며 세계적인 견문을 넓히고 뚜렷한 통찰력을 지녔으며, 3·1운 동을 이끌었던 민족의 지도자, 종교계의 거두, 위대한 시인이었다. 일본의 군국 주의적 행태가 극에 달한 시기에도 민족투쟁 비밀결사단체인 만당사건의 지도 자로 활약하며 갖은 고초를 겪었던 그는, 그렇게도 기다리던 조국의 해방을 한 해 앞둔 1944년 6월에 숨을 거두었다. 중풍이라고도 하고 영양실조라고도 했 다. 바로 이인성이 이 작품을 발표한 해의 일이다.

05 피에스타

카를로스 프란시스코 作 (필리핀)

인물 하나하나의 얼굴 표정이 생생하게 그려진 데다가, 각각의 인물이 저마다의 '개성'을 지니고 있다는 점도 특기할 만하다. 익명의 군중이 아니라, 각자 자신의 독자적인 세계를 가진 존재로서의 '민중'이 표현된 것이다. 작가는 민중이 스스로 주도하고 영위하는 삶 속에서 역동적인 아름다움과 긍정적인 희망을 읽어냈다.

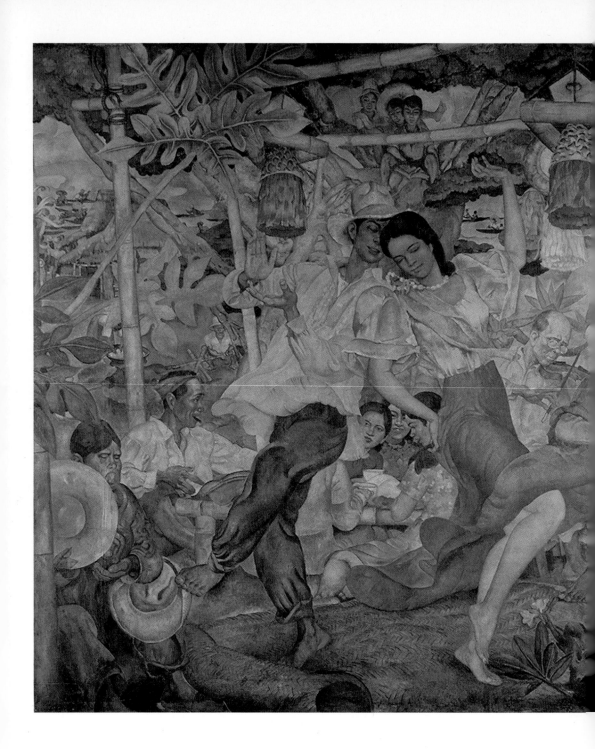

피에스타

카를로스 프란시스코
1946년
캔버스에 유채
264.2 x 269.2cm
파울리노 케 부부 소장

마을 축제가 벌어졌다. 멍석이 깔린 무대 위에서 남녀 한 쌍이 손뼉을 치며 활달하게 춤을 추고 있다. 기타, 바이올린, 트럼펫 등 각종 관현악기를 연주하는 사람들이 그 주변을 둘러섰다. 이들 뒤편으로 한 무리의 여인들이 담소를 즐기고 있고, 나뭇가지 위에는 개구쟁이 소년들이 매달려 있다. 화면의 왼쪽 뒤로 아득히 보이는 마을은 음식 준비하는 사람들로 분주해 보인다. 하나의 프레임에 이렇게 다양한 움직임을 보이는 인물들이 겹쳐져 등장한다. 수많은 남녀노소가 다함께 흥겨운 축제의 시간을 즐기고 있다. 나뭇가지에 매단 화려한 전통 장식물 아래에서 이들은 저마다 다른 표정으로, 각기 자신의 흥에 취한 듯하다. 화면 오른쪽 맨 아래의 한 소년만이 정면으로 관객을 응시하면서, 자기 뒤로 보이는 축제에 도취된 인물들과, 작품을 마주한 관객들 사이를 자연스럽게 이어주고 있다.

이 작품의 제목이기도 한 '피에스타'는 일반적으로 '축제'를 일컫는 말로, 특별히 스페인권 국가의 종교적 축제를 지칭하기도 한다. 〈피에스타〉를 그린 필리핀의 카를로스 프란시스코(Carlos V. Francisco, 1914-1969)는 스페인의 식민 통치 당시 필리핀에 처음 소개되었을 종교적 축제의 한 장면을 화폭에 담았다. 오래전 예수회 선교사들이 필리핀에 진출한 이래 스페인의 오랜 식민 통치기를 통과하며, 필리핀은 세계에서 가장 높은 비율의 기독교 신자를 보유한 국가가 되었다. 현재도 전체 인구의 약 90%가 기독교를 신봉한다. 워낙 강력한 기독교 국가이기에, 축제일은 실로 국가적 규모의 행사나 마찬가지다.

작품 속 축제를 맞은 마을 사람들은 장식적으로 화면에 끼어든 나뭇가지들과 거의 구분되기 어려울 정도로 뒤섞여 화려한 색채, 활발한 동작으로 강렬한 에너지를 발산한다. 인물 하나하나의 얼굴 표정이 생생하게 그려진 데다가, 각각의 인물이 저마다의 '개성'을 지니고 있다는 점도 특기할 만하다. 익명의 군중이 아니라, 각자 자신의 독자적인 세계를 가진 존재로서의 '민중'이 표현된 것이다.

'보통(Botong)'이라는 애칭으로 자주 불리는 카를로스 프란시스코는 필리핀 역사상 가장 사랑받는 '국민작가'일 것이다. 그는 아모르솔로가 교수로 있었던 필리핀대학에서 공부를 했으나, 또래의 젊은 예술가들과 함께 1938년 '13명의 모던(Thirteen Moderns)'이라는 그룹을 결성하여 아모르솔로 화풍에서 벗어나 독자적인 노선을 걸었다. 아모르솔로의 농촌 풍경이 그저 평화롭고 낭만적이라면, 카를로스 프란시스코가 묘사한 농촌은 실제하는 민중들의 삶과 애환을 담고 있다. 그는 민중이 스스로 주도하고 영위하는 삶 속에서 역동적인 아름다움과 긍정적인 희망을 읽어냈다.

이 작품이 제작된 1946년, 필리핀은 스페인과 미국의 오랜 식민지 점령 기간을 끝내고 정식으로 독립을 선포하였다. 이 해의 '피에스타'는 필리핀 민중들에게 특별히 더욱 기쁘고 즐거운 축제가 되었을 것이다. 카를로스 프란시스코는 단순히 축제가 아니라, 조국 해방의 흥분되는 순간을 기념하는 심정으로 이 작품을 남겼는지도 모른다.

06 북조선의 모내기

변월룡 作 (대한민국)

화면의 중앙에는 검게 그을린 농부들이 모를 심는 데 몰두하고 있으며, 왼쪽에
서 있는 한 노인은 잠시 일손을 멈춘 채 긴 곰방대를 물고 있다. 다른 노인은 일
하는 도중 막걸리를 마시기도 한다. 노동 중에서도 여유로운 농촌의 일상을 그
렸다. 화면 뒤에는 소나무 한 그루가 이 땅을 수호하는 듯 우람하게 서 있다.

북조선의 모내기

변월룡
1955년
캔버스에 유채
115 x 200cm
개인 소장

필리핀 작가 아모르솔로의 작품의 소재가 되었던, 농촌에서 모내기를 하는 평화로운 풍경이 한국을 배경으로 하여 그려졌다. 하지만 이 작품은 아모르솔로의 우아한 작품보다는 훨씬 더 사실적이며 소박한 분위기를 풍긴다. 화면의 중앙에는 검게 그을린 농부들이 모를 심는 데 몰두하고 있으며, 왼쪽에 서 있는 한 노인은 잠시 일손을 멈춘 채 긴 곰방대를 물고 있다. 다른 노인은 일하는 도중 막걸리를 마시기도 한다. 노동 중에서도 여유로운 농촌의 일상을 그렸다. 화면 뒤에는 소나무 한 그루가 이 땅을 수호하는 듯 우람하게 서 있다. 그 소나무 아래에 농촌에까지도 미친 '근대화'의 물결을 상징하듯 차 한 대가 보이고, 멀리 새참을 이고 가는 아낙네, 길을 걷는 인물들이 띄엄띄엄 공간의 거리감을 형성하며 조그맣게 그려졌다. 무엇보다 저 멀리 나지막한 언덕과 산의 존재가 평화로운 농촌의 풍경에 안정감을 더해준다. 공간감에 대한 소화력, 인체의 데생력, 논 위의 물에 비친 사람들의 그림자까지도 표현해 내는 생생한 묘사력 등은 이 작품을 그린 화가가 대단한 실력의 소유자임을 짐작하게 한다.

1916년 연해주의 가난한 한국인 가정에서 태어나, 러시아 최고 미술학교인 레핀미술대학의 교수가 되었던 한국계 러시아인 변월룡(1916-1990). 이 작품은 그가 1955년, 북한에서의 짧은 체류를 마치고 러시아로 돌아와 고국을 회상하며 그린 것이다. 한국인 연구자 문영대에 의해 최근에서야 알려진 변월룡(러시아 이름 '뺀 봐를렌')은 1953년 휴전협정이 체결된 직후 북한의 국가재건사업을 돕기 위한 소련인 고문단의 대열에 끼어 북한을 방문했다. 평양미술학교 설립을 위한 고문 역할을 하며, 북한의 수많은 예술가들과 직접적인 친교를 맺었던 그는 건

강상의 이유로 1954년 8월 레닌그라드로 잠시 돌아갔으나, 이후 북한의 친소련파 숙청 작업에 따라 영원히 고국 땅을 밟지 못하게 된다.

그는 북한에서 그린 초벌 그림을 토대로 하여 고국에 대한 그리움을 끊임없이 그려내려 했던 것 같다. 어쩌면 여러 민족의 다양한 생활 풍속, 특히 노동자 및 농민의 모습을 주제로 삼은 그의 작품이 소련의 국가적 미술 정책과 일치했을 수도 있다. 어떤 이유에서든 변월룡은 소련으로 돌아가서도 계속해서 북한의 풍경과 풍속, 그리고 북한 사람들을 그렸다. 북한에서 이미 숙청된 사실을 알고 고국 땅을 밟겠다는 희망을 저버린 이후에도, 그는 1990년 사망할 때까지 거의 매년 연해주에 가서 소나무를 잔뜩 그렸다. 조국의 산천 어디서나 우뚝 서서 언제나 똑같이 마을을 지키는 늘푸른 소나무를. 그의 수많은 작품과 판화, 스케치 등은 지금도 적절한 역사의 평가를 기다린 채 여전히 러시아와 한국에 남아 있다.

07

눈 내리는 밤에
식사 배달하기

양즈광 作 (중국)

이 작품은 바로 대약진 운동의 이념을 가시화한 것이다. 당시의 표어대로, 밤낮으로 일하며 국가의 산업 발전에 공헌하는 노동자의 모습이 그려졌다. 힘든 노동에 임하면서도 언제나 '긍정성'과 '서정성'을 담아내야 한다는 대약진 시기 미술의 과업이 이 작품의 인물들을 통해 충실하게 구현되었다.

눈 내리는 밤에 식사 배달하기

양즈광

1959년

종이에 채색

292 x 120cm

광동미술관 소장

눈 내리는 밤 어둠 속에서도 불을 밝힌 채 저 멀리 트랙터는 부지런히 작업을 계속하고 있다. 전경의 두 인물은 야식을 전달하기 위해 눈보라 속에도 아랑곳하지 않고 자신의 과업에 열중하고 있다. 램프를 들고 있는 생산대의 대장은 저 멀리 트랙터의 일꾼을 향해 야식 시간을 알리고 있는지도 모른다.

〈눈 내리는 밤에 식사 배달하기〉는 흰 물감으로 눈을 그리는 대신, 검정, 빨강, 파랑 등의 색채를 가하고 흰 색의 종이를 그대로 남겨둠으로써, 눈이 내린 효과를 탁월하게 표현해내었다. 중국 전통 수묵화의 기법대로 종이에 먹으로 그린 작품이지만, 인물의 묘사와 양감의 표현이 놀랄 만큼 정확해서, 서양화의 기법도 충실히 활용되었음을 짐작하게 한다.

양즈광(Yang Zhiguang, 1930-)은 쉬베이훙이 지도하던 중앙미술학원에서 체계적인 서양화 교육을 받았다. 그 후 1950년대 소위 '국화(國畵)'가 중국에서 대대적으로 부흥되던 시기에 인물화에 뛰어난 국화 화가로 유명해졌다. 국화의 대유행은 중국이 점차 소련과 거리를 둔 채, 정치적으로도 문화적으로도 자국의 독자적인 노선을 취했던 상황과 연관이 있다. 내전이 끝난 1949년 직후, 중국은 강력한 친소정책을 펼쳤다. 그러나 1950년대 중후반에 이르자 마오쩌둥은 점차적으로 친소련파 엘리트 계층과 거리를 두었고, 1957년 '반우파 운동'을 통해 지식인층을 대대적으로 탄압했다. 곧이어 일어난 1958년의 '대약진 운동'은 지방의 경제적 발전과 산업화를 기치로 내걸고, 대규모의 지방으로의 '하방' 조치를 통해, 그의 정치적 기반이었던 농촌 사회의 재건에 전력을 기울인 일대사건이었다.

1959년 제작된 이 작품은 바로 이 대약진 운동의 이념을 가시화한 것이다. 당시의 표어대로, 밤낮으로 일하며 국가의 산업 발전에 공헌하는 노동자의 모습이 그려졌다. 힘든 노동에 임하면서도 언제나 '긍정성'과 '서정성'을 담아내야 한다는 대약진 시기 미술의 과업이 이 작품의 인물들을 통해 충실하게 구현되었다. 멀리 보이는 트랙터는 지방에까지 전파된 현대화된 농사기술을 선전하기 위한 소재로, 이 시기 미술작품에 자주 등장하는 모티프이다. 하지만 이러한 모습이 당시 중국 지방의 실제 모습과 일치하는 것이었는지에 대해서는 상당히 의문스럽다. 마오쩌둥이 추진한 대약진 운동은 결과적으로 실패한 것으로 알려져 있다.

08 케란탄에서 담뱃잎 따기

모하메드 후세인 에나스 作 (말레이시아)

끝없이 펼쳐지는 풍요로운 땅에서 살아가는 아름답고 건강한 여인들, 이들이 수확한 풍성한 생산물은 독립 이후 나날이 번영하는 국가에 대한 일종의 메타포로 작용한다. 작품의 주제는 다름 아닌, 새로운 독립국가 건설에 대한 '희망의 메시지'인 것이다.

124

케란탄에서 담뱃잎 따기

모하메드 후세인 에나스
1962년
캔버스에 유채
96 x 121cm
말레이시아국립미술관 소장

말레이시아 케란탄의 풍성한 농촌을 배경으로 싱싱한 담뱃잎을 한가득 수확한 여인들이 보인다. 환한 미소를 띤 건강한 여인들은 풍요로운 농작물과 어우러져 화면 가득 긍정의 에너지를 충만하게 발산한다. 드넓은 담배농장 뒤편에서 다른 농부들도 농사일에 몰두하고 있다. 붉은 땅, 굳건한 산, 맑고 쾌청한 하늘 등 모든 자연 요소들은 이 땅에 사는 인간들에게 내려진 하나의 '축복'처럼 보인다.

말레이 지역이 대영제국의 식민지가 된 것은 18세기부터이다. 그 후 이 지역의 이권에 대한 네덜란드와의 경쟁을 종결짓고 1824년 협약을 체결함으로써, 말레이 반도는 대부분 영국의 지배권에 속하게 된다. 영국은 처음부터 말레이시아에 대해 자연 자원을 통한 경제적 이권에만 관심이 있었기 때문에, 말레이인들을 위한 학교 설치나 사회제도의 설립 등에는 별다른 관심이 없었다.

이 작품을 제작한 모하메드 후세인 에나스(Mohamed Hoessein Enas, 1924-) 또한 말레이시아에서 제도적 교육을 받지 못했다. 그는 당시 네덜란드의 식민지였던 인도네시아 자바 출신이었다. 그래서 그의 화풍은 일찍부터 인도네시아에 유입되었던 풍경화와 일맥상통한다.

그가 1947년 말레이로 이주한 후 1956년 말레이 예술회의(Malay Art Council)를 결성한 것은 말레이시아 근대미술사상 매우 획기적인 사건이었다. 그 이전까지 이슬람 계 말레이에서는 이슬람 세계의 오랜 원칙에 따라 구상화의 전통이나 서양식 유화 교육의 전례가 없었기 때문이다. 후세인 에나스는 1957년 말라야 연방이 독립하고, 1963년 말레이시아가 성립되는 등 말레이 반도의 국가 정체성이 확립되던 시기에 화단을 주도한 대표적인 인물이었다. 새로운 국가, 새로운 국민이 마땅히 지녀야할 일종의 자부심을 표현하는 것이 그 시대를 사는 후세인 에나스에게 부과된 과제였다.

〈케란탄에서 담뱃잎 따기〉에서 후세인 에나스가 어떻게 자신의 과제를 요령 있게 소화하고 있는지 확인할 수 있다. 끝없이 펼쳐지는 풍요로운 땅에서 살아가는 아름답고 건강한 여인들, 이들이 수확한 풍성한 생산물은 독립 이후 나날이 번영하는 국가에 대한 일종의 메타포로 작용한다. 작품의 주제는 다름 아닌, 새로운 독립국가 건설에 대한 '희망의 메시지'이다.

09 사테 파는 소년

조셋 첸 作 (싱가포르)

원색을 활용한 화사한 색채는 말레이시아의 열대 취향을 반영하고 있다. 열대 기후가 만들어낸 강렬한 햇빛은 그늘과의 강한 대조를 이루어, 사테 파는 남자의 얼굴과 셔츠에 강한 빛의 대비를 형성한다. 저 멀리 펼쳐진 바다가 화면의 공간감을 끝없이 확장시킨다.

사테 파는 소년

조셋 첸
1964년
캔버스에 유채
135 x 161cm
싱가포르국가유산위원회 소장

'사테'라는 요리는 인도네시아, 말레이시아 등지에서 일반적인 지역 음식으로, 고기나 해산물을 꼬치에 꽂아 숯불에 구워먹는 일종의 꼬치요리이다. 이 작품의 소재가 된 것은, '사테'를 해변에서 팔고 있는 한 남자와 이것을 사먹고 있는 어머니와 아이의 모습이다. 한국인에게는 이국적으로 보일지 모르지만, 현지인들에게는 그저 주변 어디에서나 흔히 볼 수 있는 지극히 평범하고 사소한 일상을 소재로 삼았다. 배경이 되는 해변은 말레이시아의 테렝가누(Terengganu) 일대이다.

우연한 한 순간을 포착한 듯 보이지만, 사실 작가는 인물의 배치, 의상, 모자의 색채와 패턴 등에 있어 매우 면밀한 계산을 하고 있다. 사테 파는 남자가 입은 바지의 기하학적 무늬와 그 앞에 놓인 모자의 패턴, 그리고 어머니 옷에 그려진 꽃무늬 장식은 남성과 여성의 차이를 대조적으로 드러낸다. 원색을 활용한 화사한 색채는 말레이시아의 열대 취향을 반영하고 있다. 열대 기후가 만들어낸 강렬한 햇빛은 그늘과의 강한 대조를 이루어, 사테 파는 남자의 얼굴과 셔츠에 강한 빛의 대비를 형성한다. 저 멀리 펼쳐진 바다가 화면의 공간감을 끝없이 확장시킨다.

이 작품을 그린 작가는 상당한 세심함을 갖추고 전문적인 훈련을 받은 인물임에 틀림없다. 조젯 첸(Georgette Chen, 1906-1993)은 중국의 부유한 가정에서 태어나 일찍부터 미국과 유럽에서 수학하며 서구식 미술교육을 받았다. 1920년대 손문 정권의 외교부장관을 역임한 유진 첸(Eugene Chen, 1878-1944)과 1930년에 결혼했다. 이 부부는 중일전쟁이 발발하자 일본인들에 의해 홍콩에서 연금생활을 하기도 했다. 유진 첸이 1944년 상하이에서 사망하자, 조셋 첸은 그의 비서와 재혼했으나 불운한 결혼생활을 한 것으로 알려졌다.

조셋 첸은 1954년 싱가포르에 정착해 난양미술학교에서 학생을 가르치기도 했다. 그러나 그녀는 〈사테 파는 소년〉 등의 작품을 제작하던 시기, 거의 외부와의 접촉을 피한 채 말레이시아를 포함한 여러 지역을 홀로 자유롭게 여행하며 작품 제작에 열중했다. 그녀의 작품에서는 지역에서의 평범한 일상을 담아내는 애정 어린 눈길이 느껴지는 동시에, 〈사테 파는 소년〉에 등장하는 인물들의 그다지 밝지만은 않은 표정에서 느껴지듯 약간의 우울한 정조 또한 담겨 있다. 조셋 첸이 수학기에 유럽에서 공부했다는 사실은 인상주의적 빛 처리, 반 고흐를 연상시키는 색조와 짧고 긴 붓터치를 통해서도 확인된다.

3장 프롤레타리아 혁명에 합류하여 민중의 삶을 노래하다

1917년 발생한 러시아 혁명이 결정적인 시발점으로 작용하면서, 프롤레타리아에 의한 사회혁명이 새로운 세계적인 화두로 등장했다. 이러한 흐름에 따라 기존에 없던 새로운 계층의 인물들이 그림의 주제로서 미술사 전면에 등장했다. 주로 귀족 계층에 대한 봉사를 목적으로 제작됐던 때와는 달리 사회주의 사상이 퍼지면서 거리의 걸인, 노동자, 농민, 일반 민중의 삶이 미술작품에 등장하기 시작한 것이다.

아시아 근대미술에서 작가들이 노동자로 대표되는 민중에 대해 인식하기 시작한 건 매우 고무적인 사건이었다. 2장에서 살펴봤듯이 20세기 전반까지 대체로 농경사회에 머물렀던 아시아 국가에서는 농부를 작품의 소재로 삼았을 경우 이것이 '땅'과 결합되면서 민족주의적인 색채를 띠기도 했고 어느 정도 전통과 관계되기도 했다. 이에 반해, 노동자를 소재로 삼는 것은 혁명적으로 새로운 과업에 해당했다. 노동자는 어디까지나 근대 산업사회의 산물로서, '도시'와 관계가 있으며, 훨씬 더 국제적인 맥락 안에서 해석되었기 때문이다.

1917년 발생한 러시아 혁명이 결정적인 시발점으로 작용하면서, 프롤레타리아에 의한 사회혁명이 새로운 세계적인 화두로 등장했다. 또한 1930년대 유럽 파시즘의 유행은 국제 지식인들의 연대를 더욱 강화시켰고, 많은 지식인들이 반파시즘 운동을 표방한 공산주의에 빠르게 흡수되었다. 더구나 제국주의 국가들에 의해 식민지 상황에 처해 있었던 대부분의 아시아 국가에 있어서, 반제국주의를 위한 국제적 연대를 주장한 사회주의 운동은 곧 '독립운동'과도 직결되었다. 이러한 사회적 분위기 속에 아시아에서 사회주의 사상이 급속하게 유행한 것은 매우 자연스러운 귀결이었다.

이러한 흐름에 따라 기존에 없던 새로운 계층의 인물들이 그림의 주제로서 미술사 전면에 등장했다. 주로 귀족 계층에 대한 봉사를 목적으로 제작됐던 때와는 달리 사회주의 사상이 퍼지면서 거리의 걸인, 노동자, 농민, 일반 민중의 삶이 미술작품에 등장하기 시작한 것이다. 그것도 조롱거리나 우의적 교훈을 전달하기 위한 도구로써가 아닌, 혹은 연민을 불러일으켜 부르주아에게 위안을 제공하는 장치로써가 아닌, 그 자체로 독립성을 띤 주제로서 노동자가 자리하기 시작했다.

제2차 세계대전이 끝난 후 아시아 국가들이 식민 지배에서 벗어나 독립을 이뤄내면서, 내부에서 친공산주의 세력이 더욱 강해졌다. 주로 독립운동가 출신인 사회주의 성향의 정치인들이 전후 독립국가 정권의 주요 세력으로 활약했던 것이다. 중국의 마오쩌둥, 북한의 김일성, 베트남의 호치민, 인도네시아의 수카르노 등 모두 비슷한 배경을 지니고 있었다. 이 때문에 이후 이들이 통치한 국가, 특히 필리핀이나 한국의 경우처럼 이념적 좌우 갈등이 심했던 국가에서 노동자의 의미가 재해석된 것은 자연스러운 문화적 현상이었다. 그중에서도 중국에서 일어난 문화혁명의 예처럼, 사회주의 체제를 통해 정치적 안정을 꾀한 국가에서는 노동자 및 민중의 이미지가 영웅적으로 찬양되고 선전되었다. 작품 속에서 국가의 주역이며 산업의 일꾼으로 묘사된 노동자들의 표정은 밝고 명랑해 보이지만, 지극히 천편일률적이기도 하다. 단일한 계층을 주제로, 단일한 회화 양식을 통해 단일한 문화가 주장되고, 교육되고, 유포되었던 것이다.

01 무쇠팔

이시가키 에이타로 作 (일본)

화면의 오른쪽 아래 살짝 보이는 쇳덩이는 그가 마치 쇠사슬을 끊어내는 듯한 엄청난 작업을 수행하고 있는 것처럼 보이게 한다. 단지 한 노동자가 일하는 모습을 클로즈업한 사실적 묘사라기보다는, 이 쇠사슬로 인해 훨씬 더 강력한 상징성을 띤 작품으로 탄생한 것이다.

140

무쇠팔

이시가키 에이타로
1929년
캔버스에 유채
91 x 106cm
도쿄국립근대미술관 소장

얼굴 없는 노동자의 모습이다. 셔츠를 약간 풀어헤치고 소매를 걷어붙인 채 한 손에 망치를 들고 작업에 열중하고 있다. 분명 대단한 힘이 필요한 일을 하는 중이라는 사실은 근육으로 다져진 그의 팔을 통해 추측해볼 수 있다. 화면의 오른쪽 아래 살짝 보이는 쇳덩이는 그가 마치 쇠사슬을 끊어내는 듯한 엄청난 작업을 수행하고 있는 것처럼 보이게 한다. 단지 한 노동자가 일하는 모습을 클 로즈업한 사실적 묘사라기보다는, 이 쇠사슬로 인해 훨씬 더 강력한 상징성을 띈 작품으로 탄생한 것이다.

〈무쇠팔〉은 오로지 노동자의 강인한 힘 자체에만 집중함으로써, 노동자의 영 웅적 위대함을 찬미하고 있다. 특히 흡사 두려움을 느끼게 할 정도로 강하게 표현해 노동자 계층의 강력한 투쟁 의지를 드러내 보인다. 이 작품이 제작된 1929년은 마침 미국을 시작으로 세계 대공황에 들어서는 해였다. 1917년 러시 아 혁명의 여파와 1929년 경제공황으로 자본주의 질서가 위기에 처한 시점에 즈음하여, 노동자들의 국제적 연대를 강조한 사회주의 운동이 전 세계적으로 절정을 달리던 때였다.

이 작품을 제작한 일본인 화가 이시가키 에이타로(Ishigaki Eitaro, 1893-1958) 또한 당시 미국에 체류하면서 경제공황의 여파를 몸소 체험하고 있었다. 그는 일본 와카야마 현의 가난한 집안에서 태어나, 이른바 '객지벌이 이민자'로 1909 년 미국에 건너가 일과 그림 공부를 병행하였다. 뉴욕에서 도시 빈민가의 우 울한 풍경을 주로 그린 애쉬캔(Ashcan) 화파의 선구자 존 슬론(John Sloan, 1871- 1951)에게서 그림을 배웠으며, 당시 진보적 사상으로 뭉친 '존 리드 그룹(John

Reed Group)'에 결성 때부터 함께하면서 리베라, 오로츠코 등 멕시코 화가들과 활동했다. 〈무쇠팔〉은 사회주의 사상에 깊이 심취했던 그가 미국의 좌익계 기관지 〈뉴 매시스(New Masses)〉의 표지 그림으로 제작해 게재했던 것이다.

사회주의 사상은 같은 시기 일본에서도 급속도로 퍼져나갔고, 지식인 사이에서도 대유행이었다. 그러나 1930년대 초반 사회주의 탄압정책이 본격화되고 1937년 중일전쟁으로 인해 군국주의가 세를 잡게 되면서, 사회주의는 짧고 강렬했던 유행을 끝으로 일본에서 갑작스런 종말을 고하였다. 한편 이시가키 에이타로는 1951년 미국을 휩쓴 매카시즘(반공주의)의 열풍 속에서 강제로 귀국 조치되었고, 1958년 일본에서 죽음을 맞았다. 그러나 그가 작품으로 남긴 노동자의 강인한 이미지는 한 시대를 강력하게 지배했던 사회주의 운동의 열풍을 기록한 역사적 증거물로 남아 있다.

02 어머니 인도

암리타 세르길 作 (인도)

암리타 세르길의 작품 속에는 달빛 아래 장신구를 걸치고 우아한 자태를 뽐내고 있는 여성이 아니라, 주변에서 흔히 마주칠 수 있는 보통의 '어머니'가 자리한다. 이들의 모습에서 은 인도를 표상하는 강력한 힘을 발견하며, 감히 이들에게 '어머니 인도'라는 이름을 부여하고 있는 것이다.

어머니 인도

암리타 세르길
1935년
캔버스에 유채
78 x 62.5cm
인도국립근대미술관 소장

인도의 전통의상인 사리를 입고서 두 어린아이를 데리고 있는 한 여인의 모습이 그려져 있다. 배경은 특별히 표현되어 있지 않지만, 이들의 모습은 인도의 거리에서 흔히 볼 수 있는 가족의 초상이다. 아버지는 어디에 있는지 알 수 없고, 여자 아이는 약간은 겁먹은 표정으로 관객을 비껴 바라본다. 엄마의 품에 안긴 남자아이는 아무런 생각 없이 누나를 관찰하듯 쳐다보고만 있다. 한 손에 남자 아이를 안고서 아이 쪽으로 고개를 기울인 어머니는 강렬한 눈빛으로 관객을 응시하고 있다. 자기방어적이면서도 무언가 강력하게 호소하는 듯한 힘이 느껴진다. 제한된 색채를 사용하고, 대상들의 정적인 화면 처리 방식으로 인해 차분하고 조용하지만, 어딘가 묘한 기운을 불러일으키는 작품이다.

〈어머니 인도〉는 인도의 전설적인 여성화가 암리타 세르길(Amrita Sher-gil, 1913-1941)이 제작한 그림이다. 그녀는 1913년 헝가리 부다페스트에서 헝가리인 어머니와 인도인 아버지 사이에서 태어났다. 제1차 세계대전이 끝난 1921년 인도에 귀국했으나, 다시 유럽으로 유학을 떠나 파리의 국립미술학교에 입학했다. 고갱이나 세잔과 같은 후기 인상주의 작가들의 그림에서부터 아잔타 벽화, 인도의 전통화에 이르기까지 다양한 동서양의 유산을 공부하고 참고했다.

유학에서 돌아와 그녀가 인도에서 스튜디오를 차리고 실질적으로 작업한 시기는 1935년부터 1941년 28세의 나이로 요절할 때까지 불과 5~6년에 지나지 않는다. 그 시기 동안 그녀는 직접 거리로 나가 그곳에서 마주친 민중들의 삶을 섬세하게 관찰하면서 수많은 사생 스케치를 남겼고, 이를 토대로 독창적인 작품들을 제작했다. 그녀의 작품은 서양화 기법에 대한 이해를 바탕으로 하면서도, 인도인만이 가진 특별한 정신세계를 표현해내고 있다. 온화함 속에서 강력한 울림을 가진 그러한 세계를.

앞서 살펴본 라자 라비 바르마가 묘사한 아름다운 인도 여성의 이미지와 비교해보면, 암리타 세르길의 작품이 갖는 가치를 제대로 실감할 수 있다. 그녀의 작품 속에는 달빛 아래 장신구를 걸치고 우아한 자태를 뽐내고 있는 여성이 아니라, 주변에서 흔히 마주칠 수 있는 보통의 '어머니'가 자리한다. 이들의 모습에서 암리타 세르길은 인도를 표상하는 강력한 힘을 발견하며, 감히 이들에게 '어머니 인도'라는 이름을 부여하고 있는 것이다. 어두운 배경, 깊은 좌절과 실망의 분위기 속에서도, 이 어머니의 눈빛은 쉽사리 지워지지 않고 관객의 머릿속에 각인될 것이다.

03

우공이산 愚公移山

쉬베이홍 作 (중국)

일본과의 전쟁에서, 비록 첨단 군사장비에서는 훨씬 밀릴지 모르지만, 모든 중
국인들이 너나할 것 없이 단결하여 끊임없이 지치지 않고 항거하다 보면 언젠가
승리를 쟁취할 수 있으리라는 굳은 믿음과 의지가 이 작품에 내포되어 있는 것
이다. 그림 속에 등장하는 등을 돌린 노인이 바로 우공일 것이다.

152

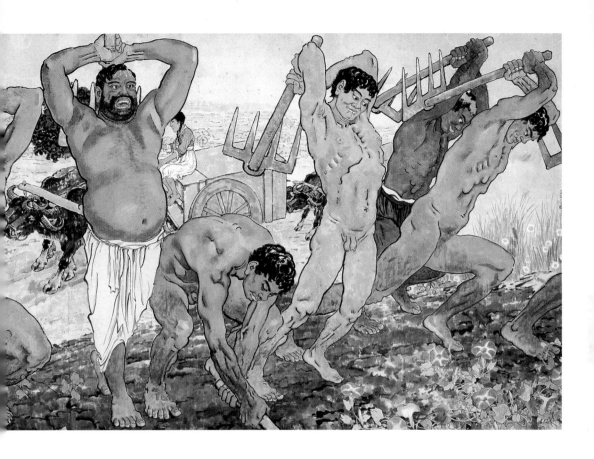

우공이산(愚公移山)

쉬베이홍
1940년
종이에 수묵채색
144 x 421cm
쉬베이홍기념미술관 소장

'우공이 산을 옮긴다'라는 뜻에서 유래한 '우공이산'이라는 고사는 중국 춘추시대의 사상집 《열자(列子)》에서 유래한다. 우공(愚公)이라는 한 노인이 길을 막고 있는 두 거대한 산의 흙을 삼태기 하나로 퍼 담아 바다로 옮기고 있는 것을 보고, 그의 친구가 헛수고 말라고 하자, "나는 늙었지만 나에게는 자식과 손자가 있다. 자자손손 대를 이어 해나가다 보면 언젠가는 산이 깎여 평평하게 될 날이 오겠지"라고 대답했다는 이야기이다. 산신령에게 이 말을 전해들은 옥황상제가 두 산을 멀리 옮겨주어 결국 노인은 뜻을 이루었다고 한다.

이 고사가 새삼스럽게 쉬베이훙(Xu Beihong, 1895-1953)의 야심찬 작품으로 등장한 것은 1940년의 일이다. 일본은 1894년 청일전쟁 때부터 끈질기게 중국 침략을 도모해 오다가, 1937년 드디어 본격적으로 중일전쟁을 시작했다. 이 전쟁은 제2차 세계대전의 판세를 결정한 가장 규모가 큰 전쟁 중 하나였다. 1940년은 일본의 공격에 대한 중국의 격렬한 항거로 전쟁이 장기화되던 상황이었다. 중국은 제2차 국공합작을 통해 내부적 정쟁을 멈추고, 단결된 항일 투쟁의지를 고취시키고 있었다. 쉬베이훙은 이 무렵, 1939년부터 1940년 사이 라빈드라나트 타고르의 초청을 받아 인도를 방문했다. 그는 인도국제대학에서 전시를 갖고, 인도 및 싱가포르 등지를 여행했는데, 그의 여행은 이 지역의 성공한 중국계 이민자들을 상대로 항일전쟁 자금을 마련하기 위한 목적도 있었다고 전한다.

그 당시 정황을 합쳐보면 〈우공이산〉이 더욱 의미심장해 보인다. 일본과의 전쟁에서, 비록 첨단 군사장비에서는 훨씬 밀릴지 모르지만, 모든 중국인들이 너나할 것 없이 단결하여 끊임없이 지치지 않고 항거하다 보면 언젠가 승리를 쟁취할 수 있으리라는 굳은 믿음과 의지가 이 작품에 내포되어 있는 것이다. 그림 속에 등장하는 등을 돌린 노인이 바로 우공일 것이다. 그는 며느리에게 자신의 손자가 크면 가르침을 전하라는 듯, 손가락으로 아이를 가리키고 있다. 소년은 아직은 아무것도 모른 채 밥만 먹고 있다. 그러나 아이는 이 밥을 먹고 곧 쑥쑥 자라날 것이다. 저 멀리 소를 끌고 밭을 가는 여인은 남성들이 '산을 옮기는' 동안 일상의 빈자리를 메꾸는 역할을 하고 있다. 4미터가 넘는 거대한 화면을 전체적으로 지배하고 있는 대상은 노동하는 이들의 모습이다. 농기구를 들어올리고 곧 내리꽂을 자세를 취하고 있는 이들의 표정은 결연한 의지로 가득 차 있다. 인도인인 듯한, 검은 피부를 지니고 입술이 두꺼운 남자도 보인다. 화면 왼쪽에 등장한 거대한 코끼리도 쉬베이홍이 이 작품을 인도 체류 시 제작했으리라는 정황과 관련이 있다. 오래 전부터 영국의 식민지였던 인도의 운명을 떠올리며 쉬베이홍은 인도인도 중국인과 함께 모두 힘을 합쳐 제국주의의 침략에 항거해야 한다고 역설한다.

쉬베이홍은 중국 근대 미술사상 가장 추앙받았던 예술가 중 하나이다. 중국의 전통화법에 통달했을 뿐 아니라, 프랑스, 독일, 벨기에 등에서 공부하며 서양의 유화기법도 완벽하게 소화했다. 1927년 중국으로 돌아와 상하이, 난징, 베이징 등에서 미술교육기관의 중요 직책을 맡았다. 유화와 중국화를 모두 완벽하게 구사했으나, 〈우공이산〉과 같은 작품을 제작할 때는 의도적으로 중국화를 기반으로 하고 서구화법의 장점을 취하였다. 민족의식을 고양하고 애국심을 고취시키는 것이 그 당시의 예술적 과제였기 때문이다.

04 걸인

이쾌대 作 (대한민국)

비록 거리를 헤매며 구걸하는 상황일지 몰라도 이 남자는 어딘지 강한 인상을 풍긴다. 날카로운 눈매와 굳게 다문 입술. 말랐지만 근육이 드러난 다부진 몸매는 그가 무척이나 자존심 강하고, 강인한 정신력을 지닌 인물임을 짐작하게 한다.

158

걸인

이쾌대
1948년
캔버스에 유채
91 x 61cm
개인 소장

텁수룩한 머리, 헐벗은 차림새, 동냥 그릇을 팔에 걸고 있는 모양새로 보아 걸인이 분명하다. 한쪽 눈은 거의 실명한 듯하고, 초점이 맞지 않은 채 엉뚱한 곳을 바라보는 눈빛이 세상에 적응하지 못한 한 인간의 슬픈 초상과 같다. 그런데 비록 거리를 헤매며 구걸하는 상황일지 몰라도 이 남자는 어딘지 강한 인상을 풍긴다. 날카로운 눈매와 굳게 다문 입술, 말랐지만 근육이 드러난 다부진 몸매는 그가 무척이나 자존심 강하고, 강인한 정신력을 지닌 인물임을 짐작하게 한다.

실제로 이 인물은 작가 이쾌대(1916-1965)가 성북회화연구소를 운영할 때 근처 길거리에서 매일같이 마주쳤던 걸인이었다. 이쾌대는 1948년 해방 직후 좌우 이데올로기의 대립이 극에 달했던 시절 묵묵히 홀로 성북회화연구소를 열어 자신의 작업실 겸 학생 양성소로 삼았다. 이쾌대는 그 무렵 자주 마주치던 이 걸인에게 옷이나 음식을 나눠주곤 했다. 그는 비록 초라한 행색을 하고 있지만 한때 상당한 고등교육을 받았다고 한다. 혼란한 시대 상황 속에서 자신의 의지와는 상관없이 몰락하고 거리로 내몰렸던 그 당시 많은 사람들의 서글픈 처지가 이쾌대의 눈을 끌었던 것이다.

이쾌대는 경북 칠곡 출신의 유복한 대지주 집안에서 태어났다. 어릴 때부터 운동과 미술에 다재다능하며 지극히 자유분방했던 그는 "운동선수만 아니면 무엇을 해도 좋다"는 집안의 허락을 받아내고 미술을 택한다. 일본 제국미술학교에 입학하여 해부학에서부터 서양화의 다양한 양식, 미술사 및 미술이론에 이르는 체계적인 공부를 완수했다.

그는 1939년 귀국 후 개인전, 그룹 활동 등을 통해 최고의 촉망받는 예술가로 성장했다. 해방 후 좌우익 갈등 속에서 제3의 중도적 입장을 취하며 의연하게 자신의 길을 걸었고, 그 무렵 성북회화연구소를 열어 김창열, 김서봉, 심죽자, 전뢰진 등 훌륭한 예술가들을 길렀다. 1950년 전쟁 중 피난을 가지 못하고 남아 있던 서울에서 인민군 점령기를 보냈으며, 서울 수복 직전 북으로 향하던 중 포로가 되어, 부산 및 거제도 포로수용소에서 생활하기도 했다. 1953년 8월 휴전협정 후의 남북포로교환 때 북측으로 보내졌다.

한 시대 최고의 엘리트였고, 훌륭한 시대정신을 지녔던 예술가 이쾌대. 그의 삶과 예술이 한국의 비극적 역사로 인해 제대로 펼쳐지지 못했던 것은 지극히 슬픈 일이다. 그의 작품 〈걸인〉은 시대의 비극 속에서도 일반 민중들의 삶에 애정 어린 관심을 지녔던 이쾌대의 작업 태도를 보여준다. 비록 사회의 낙오자가 되고 말았지만 하나의 개별적 우주(宇宙)를 지닌 한 존재. 그런 존재로서의 인간을 바라보는 작가의 따뜻한 시선이 느껴진다.

05 어부들

비센테 마난살라 作 (필리핀)

검고 푸른 색채가 하늘, 땅, 바다, 인간 할 것 없이 화면 전체를 압도하며, 간간히 붉은 색조가 화면에 힘을 실어준다. 생업에 종사하는 어부의 힘겨운 노동. 그것은 화면 속에서 전혀 낭만적으로 보이지 않는다. 오히려 혹독한 현실을 당당하게 직시해야만 한다고 노골적으로 말해주는 것 같다.

164

어부들

비센테 마난살라
1949년
캔버스에 유채
44.5 x 56cm
필리핀중앙은행 소장

황폐해 보이는 어두운 바닷가를 배경으로 두 명의 어부들이 힘껏 배를 뭍으로 끌어올리고 있다. 검고 푸른 색채가 하늘, 땅, 바다, 인간 할 것 없이 화면 전체를 압도하며, 간간히 붉은 색조가 화면에 힘을 실어준다. 생업에 종사하는 어부의 힘겨운 노동. 그것은 화면 속에서 전혀 낭만적으로 보이지 않는다. 오히려 혹독한 현실을 당당하게 직시해야만 한다고 노골적으로 말해주는 것 같다.

제2차 세계대전이 종결되고 1946년 필리핀의 독립이 선언되었음에도 불구하고, 그로부터 3년이 흐른 1949년에 제작된 이 작품의 분위기는 여전히 어둡고 우울하기만 하다. 이러한 경향은 작가 비센테 마난살라(Vicente Manansala, 1910-1981)뿐만 아니라 당시 대부분의 필리핀 작가들에게서 일반적으로 발견될 수 있던 현상이었다. 전쟁으로 인한 폐허를 여과 없이 그리고, 필리핀의 암울한 사회 현실을 고발하는 작품들이 1940년대 후반부터 1950년대 초까지 짧은 시간이지만 크게 유행하였다.

1930년대부터 빅토리오 에다데스(Victorio C. Edades, 1895-1985)가 이끈 이른바 '네오리얼리즘(Neo-Realism) 운동'에서 이러한 경향이 발견되기 시작했다. 마난살라 또한 네오리얼리스트 중의 한 사람이었다. 앞서 아모르솔로의 그림에서 보았던 것과 같은 평화로운 이상적 풍경화가 아니라, 필리핀 사회의 실상, 즉 슬럼가, 판잣집, 지프니(미군 차량을 개조하여 만든 필리핀 버스), 걸인 등을 주제로 한 일군의 작품들이 등장하기 시작한 것이다.

사회주의 사상에 기반을 둔 이 같은 미술 경향은 독립 후 좌익 예술가들의 강세로 인해 더욱 적극적으로 수용되었다. 스페인과 미국으로부터의 식민 지배,

그리고 제2차 세계대전 중 일본의 점령기를 거쳤던 필리핀인들이 독립 직후 친 좌파적 성향을 띠는 것은 당연한 귀결이었다. 오랜 식민지 시대 독립운동을 주도했던 세력이 일시적으로나마 사회의 주도 세력으로 떠오른 것이다.

〈어부들〉에서 보는 것처럼 전쟁이 초래한 고통과 빈곤, 냉혹하고 처절한 사회 현실을 그려내는 것이 시대의 미학이자 소명이었다. 그러나 마난살라의 팔레트는 1950년대 중반 이후 점차 화려해지고 장식적으로 변해간다. 서구미술의 언어에 발맞추어 가면서 이른바 "투명 큐비즘"이라는 독특한 양식을 발전시켰고, 동시대 세계 화단을 주도한 추상화의 경향을 띠기도 했다. 1950년대 중후반 이후 미국 문화가 아시아에 본격적으로 침투하기 시작했다는 사실이 마난살라 작품의 변화상을 통해 극명하게 드러난다.

06 앙클룽 연주자

신두다르소노 수조요노 作 (인도네시아)

앙클룽은 인도네시아의 서부 자바에서 유래한 전통 민속 악기이다. 주로 농경 축제에 사용되었으며, 때로는 전쟁 중 병사들의 전투정신을 북돋우기 위해 연주되기도 했다고 한다. 그래서인지 식민지 시대 네덜란드 정부는 이 악기의 사용을 금지시키기도 했다. 이러한 배경을 알고 나면, 앙클룽 연주자의 평범한 모양새가 조금은 의미심장하게 다가온다.

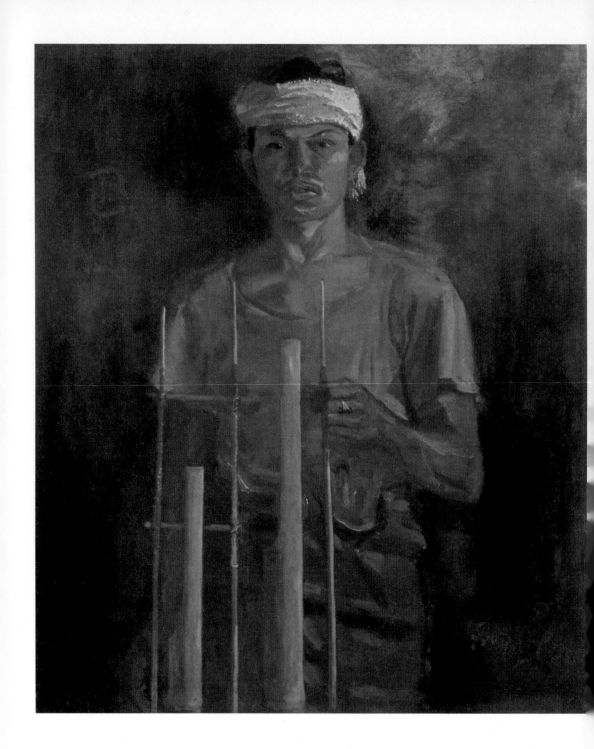

170

앙클룽 연주자

신두다르소노 수조요노
1956년
캔버스에 유채
98 x 34cm
싱가포르국가유산위원회 소장

머리에 두건을 쓴 노동자처럼 보이는 한 남자가 우뚝 서서 관객을 물끄러미 바라보고 있다. 특별히 아름답지도 않고, 그렇다고 강인한 힘과 생명력이 영웅적으로 강조된 것 같지도 않다. 그냥 평범하고 수수한 있는 그대로의 모습이다. 이 남자의 앞에는 기다란 막대 형태들로 이루어진 물건이 하나 놓여 있는데, 그것은 다름 아닌 인도네시아 민속악기 앙클룽(Angklung)이다. 그러니까 그는 노동자라기보다는 앙클룽 연주자인 것이다. 동네를 이리저리 돌아다니며, 마을 축제가 있을 때마다 불려가 앙클룽을 연주하는 악사 말이다.

앙클룽은 인도네시아의 서부 자바에서 유래한 전통 민속 악기이다. 주로 농경 축제에 사용되었으며, 때로는 전쟁 중 병사들의 전투정신을 북돋우기 위해 연주되기도 했다고 한다. 그 소리가 크고 우렁차서 사기를 올리고 사람들을 결속시키는 힘을 지녔던 것이다. 그래서인지 식민지 시대 네덜란드 정부는 이 악기의 사용을 금지시키기도 했다. 이러한 배경을 알고 나면, 앙클룽 연주자의 평범한 모양새가 조금은 의미심장하게 다가온다.

이 작품을 제작한 신두다르소노 수조요노(Sindudarsono Sudjojono, 1913-1986)는 실로 인도네시아의 국민작가이다. 그는 1913년 북수마트라의 키사란(Kisaran)에서 태어났다. 가족들은 본래 자바인이었고, 1926년 자카르타로 이주했으며, 1928년부터 미술교육을 받기 시작했다. 그는 1930년대까지 인도네시아 화단을 풍미했던 '무이 인디' 양식을 정면으로 반박하면서, 외국인의 눈에 비친 평화롭고 이상적인 낭만적 풍경이 아니라, 조국의 현실과 실제 민중의 모습을 그림의 주제로 삼아야 한다고 역설했다. 1939년 이미 페르사기(PERSAGI, Union of

Indonesian Painters)라는 '인도네시아 화가 조합'을 결성하였으며, 서구 미술의 영향으로부터 독립적인 인도네시아 고유의 미술언어를 발전시키고자 노력했다. 그는 다음과 같이 언급한 바 있다.

"사물은 단순화되지 않으며 있는 그대로 보인다. 추한 것들은 추하게 그려진다. 화가들은 미학을 찾아 산으로 달려가지 않고 도시에서 삶을 둘러싼 현실을 탐구한다. 병, 냄비, 신발, 사무실, 의자, 숙녀, 도시, 추한 다리, 수로, 거리, 가난한 노동자들이 그 내용들이다."

— 수조요노, 《회화, 예술, 예술가》(1946년) 중에서

이 작품이 제작된 1956년은 인도네시아가 독립 후 수카르노 체제 하에서 어느 정도 안정적인 시기를 누렸던 때이다. 수조요노는 이 무렵 새로운 독립 국가의 정치인으로 활동하기도 했는데, 그의 작품은 자신이 선택한 정치적 입장과 상당히 일관된 면이 있었다. 강력한 서구 세력으로부터 일정 정도 거리를 취한 채, 자국의 자발적인 문화를 발전시키고 우리 주변의 실제적인 삶과 사회 현실에 눈을 돌려야 한다는 그의 생각은 회화 작품뿐만 아니라 정치 노선에도 뚜렷이 반영되어 있었다. 평범하지만 진실한 인간의 삶을 추구하는 것이 그의 목표였다. 그는 다음과 같이 말했다. "새로운 인도네시아 회화는 아름다움이 아니라 진실을 사람들에게 알려야 한다."

07

병아리와
함께 있는 여자

트루부스 수다르소노 作 (인도네시아)

그녀는 자바 전통의 머리핀인 콘데(konde)를 장식할 머리 매듭을 짓기 위해 오랜 빗질을 하고 있다. 이렇게 정성스런 치장을 하는 이유는 오늘이 이 여인의 결혼식 날이기 때문이다. 화면 아래, 이제 막 알에서 껍질을 깨고 나오는 병아리들은 인생의 새출발인 '결혼'을 암시한다.

병아리와 함께 있는 여자

트루부스 수다르소노
1960년
캔버스에 유채
137 x 68cm
싱가포르국가유산위원회 소장

병아리와 함께 있는 작품 속의 여인은 자바인의 전통의상인 블라우스 케바야(kebaya)를 입고 있다. 주인공의 친척으로 보이는 다른 여성이 머리를 빗겨주고 있는데, 그녀는 자바 전통의 머리핀 콘데(konde)로 장식할 머리 매듭을 짓기 위해 오랜 빗질을 하고 있다. 이렇게 정성스런 치장을 하는 이유는 오늘이 이 여인의 결혼식 날이기 때문이다. 화면 아래, 이제 막 알에서 껍질을 깨고 나오는 병아리들은 인생의 새출발인 '결혼'을 암시한다.

소박한 전통 복장을 입고 인생의 중요한 의례를 준비하고 있는 주인공의 모습은 상당히 의미심장하다. 배경은 거친 붓터치를 통해 의도적으로 뭉개져서 처리되었으며, 심지어 머리 장식을 하는 여인의 모습도 초점이 맞지 않는 사진처럼 흐릿하게 보인다. 그러나 눈부시게 새하얀 블라우스로 인해 더욱 강조된 여주인공의 얼굴만은 매우 또렷하다. 특히 관객을 응시하는 여인의 눈빛이 너무나도 강렬한 인상을 주어서, 관객은 그녀의 정신세계, 심지어 내적 영혼과 교류하고 있는 것 같은 착각에 빠져든다.

이 작품을 그린 트루부스 수다르소노(Trubus Sudarsono, 1924-1966)는 일본 점령기인 1942~1945년 사이 자카르타에서 수조요노와 아판디에게서 회화를 배웠다. 그는 이후 '젊은 인도네시아 예술가 그룹(SIM, Young Indonesia Artist)'과 '민중의 화가 그룹(Pelukis Rakyat, People's Painter)'에서 활동하면서, 수조요노의 뜻을 따라 인도네시아의 민족적 미술 경향을 대변하는 예술가로 성장했다.

1945년 제2차 세계대전 종결 후 독립을 선포하였으나, 또 다시 네덜란드와의 전쟁을 치루어야 했던 인도네시아의 운명에 맞서, 트루부스 수다르소노는 반

(反) 네덜란드 선전포스터를 제작하다가 1948년 수감되기도 했다. 1949년 인도네시아의 독립이 공식 선언된 후 1950년부터 1960년 사이에는 인도네시아 미술대학에서 강의를 하며 비교적 안정된 생활을 누렸다. 〈병아리와 함께 있는 여인〉도 이 무렵 제작된 작품이다.

'민중을 위한 미술'을 주장하며 민중의 삶 속으로 예술을 끌어들이고자 했던 예술가들의 시도는 인도네시아 사회 개혁이 독립 직후 친좌파 성향의 지식인에 의해 주도되었음을 짐작하게 한다. 독립운동가 출신이자 인도네시아 독립정부의 초대 대통령이었던 수카르노 또한 그러한 부류의 인물로, 트루부스 수다르소노의 작품을 좋아하여 개인적으로 소장하기도 했다. 그러나 수카르노의 친공산주의 성향은 점차 정치적 견제에 휘말렸고, 1965년 수하르토의 정권 교체로 이어졌다. 1965~1966년 사이 상상을 초월하는 대대적 공산주의자 숙청이 수하르토의 주도 하에 일어났다. 이 시기 대략 50만 명이 학살당한 것으로 알려진다. 트루부스 수다르소노도 그 희생자 중 하나였다. 1966년, 그의 나이 40세 때의 일이다. 지금까지도 그의 죽음에 대한 정확한 정황은 밝혀지지 않았다.

08 선수이 노동자

라이풍모이 作 (말레이시아)

잠깐의 휴식을 취하는 노동자의 뒤에는 땅에서 힘차게 뻗어올라오는 대나무 숲이 묘사되어 있다. 중국에서 통상적으로 굳은 절개와 끈기를 상징하는 이 대나무의 존재는 고향에 대한 암시와 향수를 내포하는 동시에, 이러한 노동자들의 인내심과 헌신이야말로 말레이시아 국가건설의 실제적인 추동력이었다는 사실을 웅변하는 것 같다.

선수이 노동자

라이풍모이
1967년
캔버스에 유채
91 x 60cm
말레이시아국립미술관 소장

상당히 나이든 할머니임에 틀림없지만, 앙상한 얼굴에 비해 지나치게 크고 거친 손, 샌들 사이로 드러난 상처 투성이의 발은 그녀가 막노동자임을 짐작하게 한다. 그녀는 잠시 일손을 멈추고 뒤에 놓인 도시락 바구니 안에 든 간단한 음식과 물로 이제 막 점심을 해결하려는 것 같다.

'선수이 노동자'. 이들은 중국 광동성 '선수이(三水)'라는 지역 출신으로 이미 19세기부터 고향을 등지고 말레이시아와 싱가포르 일대로 이민 온 여성노동자 집단을 일컫는다. 이들은 평생 독신으로 살겠다는 서약을 하고, 같은 출신 여성 노동자들과 다함께 기숙사 생활을 하며, 말레이시아의 광산 채굴, 건설 현장 등 힘든 노동현장에 투입되었다. 1949년 중국이 이민을 불법화함으로써 이들의 존재도 점차 사라졌지만, 이 작품이 제작된 1960년대까지도 말레이시아의 작업 현장에서 이들의 모습을 가끔 볼 수 있었다.

선수이 노동자들은 마치 유니폼과 같이 똑같은 검은색 블라우스를 입고, 열대의 태양으로부터 자신을 보호해줄 밝은 빨간 색의 두건을 머리에 쓴 채 막일에 동원되었다. 낡은 고무 타이어 같은 것으로 만든 그녀의 고무 샌들 또한 선수이 노동자의 특징이었다. 이렇게 가난한 생활을 하면서도 이들은 돈을 모아 중국의 가족들에게 생활비를 보냈다.

영국은 말레이 반도를 점령한 후 그곳의 자연자원을 채취하기 위해 중국인 노동자들을 대거 끌어들였다. 이들의 노동력은 식민지 시대 말레이시아의 산업 발전에 동원되었고, 말레이시아 내의 중국계 인구를 급격히 끌어올린 배경이 되었다. 이렇게 유입된 수많은 중국 이민자들은 점차 현지 말레이시아인들과 이

해관계의 대립을 낳았고, 향후 독립 말레이시아 국가 경영의 뿌리깊은 인종 문제를 야기했다.

화가 라이퐁모이(Lai Foong Moi, 1931-1994)는 여성 작가 특유의 섬세한 관찰력으로, 젊은 나이에 말레이시아로 이주하여 이제는 지긋하게 나이 먹은 여성 이주노동자의 일상에 주목했다. 화가 자신도 중국계 말레이시아인으로서, 가난한 노동자 집안 출신이었다. 그러나 1954년 프랑스 정부의 장학금을 받고 파리 에콜 데 보자르에서 유학해 그야말로 말레이시아의 '1세대 여성 유화가'로 성장할 수 있었다. 평생 독신으로 살았던 화가의 생애는 이 작품에 보이는 선수이 노동자의 운명과 겹쳐지는 면이 있다.

잠깐의 휴식을 취하는 노동자의 뒤에는 땅에서 힘차게 뻗어올라오는 대나무 숲이 묘사되어 있다. 중국에서 통상적으로 굳은 절개와 끈기를 상징하는 이 대나무의 존재는 고향에 대한 암시와 향수를 내포하는 동시에, 이주노동자들의 인내심과 헌신이야말로 말레이시아 국가건설의 실제적인 추동력이었다는 사실을 웅변하는 것 같다.

09

구리광산의 첨병 /
나는야 바다갈매기

우원화 & 판자준 作 (중국)

이들은 역경을 딛고 자신의 업무를 완수하기 위해 최선을 다하는 사회 구성원들의 전형이다. 위험한 일을 수행하고 있음에도 불구하고 이들의 표정은 밝고 의기차다. 일에 열중하느라 얼굴은 상기되어 홍조를 띠고, 눈은 부릅뜬 채다. 이들은 헌신적으로 국가의 산업을 책임지는 영웅의 이미지로 표상되었다.

188

구리광산의 첨병

우원화
1971년
캔버스에 유채
220 x 201cm
M⁺ 지그 컬렉션

나는야 바다갈매기

판자준

1972년

캔버스에 유채

127 x 85cm

광동미술관 소장

〈구리광산의 첨병〉에는 목숨을 건 위험을 무릅쓰고 광산에서 구리를 채취하는 광부들의 모습이, 그리고 〈나는야 바다갈매기〉에는 비바람이 몰아치는 악천후 속에서도 전신주에 매달려 전화선을 수리하는 여군의 모습이 등장한다. 이들은 역경을 딛고 자신의 업무를 완수하기 위해 최선을 다하는 사회 구성원들의 전형이다. 위험한 일을 수행하고 있음에도 불구하고 이들의 표정은 밝고 의기차다. 일에 열중하느라 얼굴은 상기되어 홍조를 띠고, 눈은 부릅뜬 채다. 이들은 헌신적으로 국가의 산업을 책임지는 영웅의 이미지로 표상되었다.

이처럼 밝고 명랑하며, 강철 같은 의지를 갖고 흡사 영웅과 같은 면모를 보이는 노동자의 이미지는 특히 중국의 프롤레타리아 문화대혁명(이하 '문화혁명') 시기 대대적으로 제작되었다. 1966년 시작되어 1976년 마오쩌둥이 사망할 때까지 약 10년간 지속된 문화혁명기 동안, 중국 역사상 극좌 사회주의자들이 정권을 장악하는 특이한 체제가 형성되었다. 처음 문화혁명이 시작된 후 약 5년간은 미술이 아예 설 자리가 없었다. 기성세대 예술가 대부분은 이 시기에 거의 완전히 '사라졌다'고 해도 과언이 아니었다. 그나마 문화혁명 후반기인 1971년에 들어서면서 장칭이 주도한 미학 원칙에 철저하게 들어맞는 작품만이 신진세대 작가들에 의해 허용되기 시작했다.

마오쩌둥의 부인 장칭에 의해 직접 결정되고 대대적으로 선전된 미학원칙은 다음과 같다. 첫째, 모든 사람들이 알아볼 수 있도록 사실적으로 그릴 것, 둘째, 연극 중 한 장면을 보는 것처럼 역동적으로 묘사할 것, 셋째, 주인공을 특히 강조하여 영웅화할 것, 넷째, 인물의 경우 '홍, 광, 량(紅-光-亮)', 즉 '붉고, 밝고, 빛나도록' 묘사할 것 등이다.

이와 같은 원칙에 따라 인물을 표현하는 세세한 기법이 대중적으로 교본화되어 교과서적으로 학습되었고 대대적으로 유포되었다. 이 시기에 중국에서 제작된 대부분의 작품이 거의 똑같은 양식을 지닌 것은 결코 우연이 아니다. 문화혁명기에 실제로 광산 지역에서 광부와 함께 생활하며 작품을 제작한 우원화(Wu Yunhua, 1944-), 그리고 군 소속 화가로 국경의 섬 지역에서 군인들과 함께 생활했던 판자쥔(Pan Jiajun, 1947-)은 이 시대의 미학원칙을 확실하게 교육받고 실천했다.

다시 두 작품을 들려다보면, 홍조 띤 얼굴, 사실주의적 표현 등 기법적인 측면에서뿐만 아니라, 호소력 있는 주제, 연극을 보는 것 같은 극적 표현이 등 공통점이 많다. 〈구리광산의 첨병〉에서는 몇 명의 조연을 배경에 의도적으로 배치함으로써, 화면 한가운데 위치한 두 주인공을 특별히 강조하고 있다. 그중 가장 주인공에 가까운 인물은 더욱 강한 의지를 보이는 다부진 얼굴 표정을 한 채 탄광의 벽을 부수고 있다. 이들은 모두 '붉고, 밝고, 빛난다'.

4장

전쟁의 참상을 기록해 역사에 영원히 각인시키다

제2차 세계대전에서 일본이 패배하자 대부분의 아시아 국가들은 독립의 꿈에 부풀었다. 그러나 독립과 체제의 안정을 꾀하기까지는 또 다른 전투를 겪어내야만 했다. 중국의 내전, 인도네시아의 독립전쟁, 한국전쟁, 베트남전쟁에 이르기까지, 크고 작은 전쟁들이 아시아 대륙에서 끊이질 않았다.

20세기 아시아의 역사는 전쟁사라고 해도 과언이 아니다. 특히 제2차 세계대전 당시는 아시아 대부분의 국가가 전쟁의 포화 속에 있었다. 대만과 한국을 일찍이 식민지화 했던 일본은 1937년 중일전쟁을 일으켜 중국에 대공세를 벌였다. 중국을 공격함으로써 연합국과 소련을 적으로 돌린 일본은 더 이상 미국으로부터 군수물자나 석유를 제공받지 못하게 되자, 동남아시아 지역으로 눈을 돌려 새로운 시장을 확장하려고 했다. 결국 서구 제국주의 국가들의 지배로부터 아시아 지역을 '해방'시킨다는 명분으로, 일본은 미국령이었던 필리핀, 네덜란드령이었던 인도네시아, 영국령이었던 말레이시아와 싱가포르 등을 공격하기 시작했다. 그 과정에서 일본의 식민지였던 대만과 한국의 사람들이 강제 징집되어 전장에 끌려다녔다.

제2차 세계대전에서 일본이 패배하자 대부분의 아시아 국가들은 독립의 꿈에 부풀었다. 그러나 독립과 체제의 안정을 꾀하기까지는 또 다른 전투를 겪어내야만 했다. 중국의 내전, 인도네시아의 독립전쟁, 한국전쟁, 베트남전쟁에 이르기까지, 크고 작은 전쟁들이 아시아 대륙에서 끊이질 않았다.

그리고 제2차 세계대전 후 세계의 주도권 다툼에서 새로운 맹주로 떠오른 소련의 공산주의 체제와 이에 대항하는 미국의 자본주의 체제로 인해 1980년대 말까지도 이른바 '냉전(Cold War)' 상황이 지속되었다. 이러한 시대적 상황을 미루어볼 때, 그 당시 많은 아시아의 예술가들이 전쟁을 소재로 그림을 그렸다는 사실은 전혀 놀라운 일이 아니다. 특히 그림의 시각적 장치가 지닌 '이미지의 힘'을 노리고 전쟁에 대한 선전과 홍보를 목적으로 그림이 제작되는 경우도 많았다. 이 때문에 누구나 한눈에 쉽게 이해하고 파악할 수 있도록 사실주의적 양식의 회화가 유행했다. 작가들은 정부 차원의 후원이나 종군 화가단에 참여함으로써 승전을 기념하고 전쟁을 선전하는 목적의 그림을 그리기도 했다. 이들은 주로 전쟁의 숭고함을 강조하고자 처참한 현실보다는 오히려 낭만적인 분위기를 살려 작품으로 표현했다.

같은 전쟁을 소재로 하더라도 흡사 다큐멘터리처럼 그림을 그려, 전쟁 당시나 전후의 처참한 상황을 기록하고 고발하는 경우도 있었다. 관객들로 하여금 불유쾌한 장면을 직면하게 함으로써 교훈을 얻도록 하려는 것이다.

전쟁을 묘사한 그림이 꼭 전쟁 발발 당시에 제작되지만은 않는다. 사실 전쟁 중에 그림을 그린다는 것이 오히려 현실적으로 불가능한 경우가 많다. 이 때문에 많은 수의 전쟁화가 참상이 벌어지고 나서 한참 후에 그려져, 일종의 역사적 사실로 재구성되고 재생산되는 경향이 있다. 전쟁의 기억을 다시 불러들임으로써, 현재를 사는 국민들의 단결을 도모하는 것은 각 아시아 국가들의 국가 형성기에 꼭 필요한 과업이었을 것이다.

01 메나드에 내리는 낙하산 부대

미야모토 사부로 作 (일본)

전투 상황임에도 불구하고 병사들이 당하는 고통이나 전쟁의 끔찍한 참상은 보이지 않는다. 수송기가 뿜어내는 연기, 폭격이 만들어내는 검은 구름, 열대기후가 만들어내는 빛의 특별한 색깔, 하늘을 가득 수놓은 하얀 낙하산의 장관은 거의 하나의 '풍경'처럼 처리되었다. 전투 장면을 아름답게 표현하고 낭만적으로 그려냄으로써, 전쟁의 수행을 정당화하고 영웅화하려는 듯하다.

메나드에 내리는 낙하산 부대

미야모토 사부로
1943년
캔버스에 유채
112 x 162cm
이바라키근대미술관 소장

흐린 하늘에 떠 있는 수송기에서 점점이 낙하산이 투하된다. 이미 착지를 완료한 병사들은 신속하게 몸을 일으키려 하고, 바닥에는 낙하산들이 헝클어진 채 널브러져 있다. 한쪽에서는 이미 폭격이 시작되어 검은 연기가 자욱하게 하늘로 올라온다. 제목 그대로 '메나드에 내리는 낙하산 부대'를 그린 것이다.

1940년 일본은 '대동아공영권(大同亞共榮圈)'을 슬로건으로 내건 이래, 말레이시아, 싱가포르, 필리핀, 인도네시아 등 동남아시아 일대로 전쟁을 확대했다. 1942년 1월, 일본군은 네덜란드의 식민지인 인도네시아 셀레베즈(술라웨시) 섬에 상륙했다. 이미 독일과의 전쟁에서 패한 네덜란드군을 격파하는 것은 상대적으로 쉬운 일이어서, 일본군은 이 전투에서 상당한 승리를 거두었다. 셀레베스 침공 당시 해군의 낙하산 부대가 메나드 비행장을 기습하는 장면을 그림으로 제작하여 선전한 것은 그러한 배경에서였다.

미야모토 사부로(Miyamoto Saburo, 1905-1974)는 일찍이 한국 유학생들의 학습 장소이기도 했던 가와바타미술학교(川端畵學校)에서 그림을 공부했고, 후지시마 다케지, 마에다 간지 등에게서 유화를 배웠다. 이후 1938년 프랑스에서 유학한 경험도 있다. 태평양전쟁 중 그를 포함한 일본의 1급 화가들 대부분 전쟁에 봉사해야 했다. 미야모토 사부로는 일본의 남방전선에 종군화가로 참전하였고, 실제로 이 전투를 목격하였을 것이다. 당시에는 일본의 아방가르드 화가들조차도 종군화가로 투입되어, 자신들의 전위적 미술양식을 버리고 완전히 사실적인 양식의 '전쟁기록화'를 제작하고 있었다.

미야모토 사부로의 이 작품은 급박한 전쟁의 한 순간을 그린 것임에도 불구하고, 마치 역사화를 보는 것 같은 장엄함을 담아내려고 한 듯하다. 전투 상황임에도 불구하고 병사들이 당하는 고통이나 전쟁의 끔찍한 참상은 보이지 않는다. 수송기가 뿜어내는 연기, 폭격이 만들어내는 검은 구름, 열대기후가 만들어내는 빛의 특별한 색깔, 하늘을 가득 수놓은 하얀 낙하산의 장관은 거의 하나의 '풍경'처럼 처리되었다. 전투 장면을 아름답게 표현하고 낭만적으로 그려냄으로써, 전쟁의 수행을 정당화하고 영웅화하려는 듯하다. 이러한 그림을 보면서 일본의 젊은이들은 더 적극적이고 자발적으로 전쟁터를 향해 나아갔을 것이다.

02 말레이 가교 공병대

시미즈 토시 作 (일본)

시미즈는 이 작품에 같은 주제를 다룬 다른 화가들의 그림들과는 달리, 일본군을 돕는 말레이 현지인들의 모습을 의도적으로 배경에 삽입하였다. 일본이 일으킨 전쟁을 현지인이 환영하고 기꺼이 돕는 모습을 그려 넣음으로써, 이른바 '대동아전쟁'이 아시아를 해방시키기 위한 전쟁이라는 일본의 대의명분을 정당화하고 있다.

206

말레이 가교 공병대

시미즈 토시
1944년경
캔버스에 유채
159.5 x 129cm
도쿄국립근대미술관 소장

말레이시아 열대 우림을 배경으로 한 무리의 일본군 병사들이 작업에 한창이다. 물 밑에서 기둥을 붙들고 있는 병사들, 그 위로 말뚝을 고정시키는 병사들이 더운 날씨에 웃통을 벗고, 있는 힘껏 다리 건설에 매진하고 있다. 화면 왼쪽의 한 인물은 모든 업무가 효과적으로 돌아가도록 감독하는 중이다. 일본군 공병대의 작업 장면이다.

태평양전쟁이 한창일 때, 일본은 영국이 점령하고 있던 말레이 반도를 종단하고 싱가포르를 공격한다는 계획을 세웠다. 1942년 이러한 일본의 진출로를 차단하기 위해 영국군은 말레이의 한 다리를 폭파한다. 그러나 공병대는 통상적으로 일주일이나 소요되는 가교작업을 불과 이틀 만에 끝내 작전을 돕는다. 이 목숨을 건 가교작업은 전시 내내 일본군의 좋은 선전 도구가 되었다. 가교작업의 성과는 신문에 대서특필되었다.

1944년 육군미술협회는 사건이 있은 지 2년이 지난 시점에, 말레이 작전을 기록화로 남기는 작업을 시미즈 토시(Shimizu Toshi, 1887-1945)에게 의뢰했다. 그는 실제로 현장에 있지 않았지만, 신문보도에 게재된 사진을 기초로 이 작품을 제작했다고 한다. 시미즈 토시는 도치기 현 출신으로, 1907년 미국으로 건너가 노동자로 각지를 전전하며 그림을 공부했다. 그는 이시가키 에이타로와 마찬가지로, 미국 애쉬캔 화파의 대표적 작가인 존 슬론에게서 사사하기도 했다. 미국과 프랑스에서의 체류를 거쳐, 1927년 일본으로 귀국한 후 이과전(二科展) 등에서 활동했으며, 1937년 중일전쟁이 발발했을 때는 해군종군작가로 상하이에 건너간 바 있다. 1945년 전쟁이 종결되던 해, 장남이 전사했다는 소식을 들었고 같은 해 12월 생을 마감했다.

작업 중인 병사들의 강인한 근육을 강조한 것은, 그가 한때 프롤레타리아 미술 운동에 동조적이었다는 사실과도 관련이 있어 보인다. 특히 물속에서 기둥을 지탱하는 병사들의 '고군분투'하는 표정에 관심을 기울인 것이 흥미롭다. 실제로 일본에서 한때 친사회주의 경향을 보였던 지식인들은 흥미롭게도 태평양전쟁 중 더욱 적극적으로 전쟁터로 나아갔다. 스스로 '병사=프롤레타리아'가 되어 제국주의의 식민 지배에 맞서야 한다는 주장이 설득력을 얻었다. 어처구니 없게도, 일본 자신이 바로 그런 제국주의 팽창 전쟁의 핵심에 서 있다는 사실은 이들 사이에서 망각된 것이다.

시미즈는 이 작품에 같은 주제를 다룬 다른 화가들의 그림들과는 달리, 일본군을 돕는 말레이 현지인들의 모습을 의도적으로 배경에 삽입하였다. 일본이 일으킨 전쟁을 현지인이 환영하고 기꺼이 돕는 모습을 그려 넣음으로써, 이른바 '대동아전쟁(일본군의 선전용어)'이 아시아를 해방시키기 위한 전쟁이라는 일본의 대의명분을 정당화하고 있다. 이 작품은 1944년 일본의 가장 권위 있는 미술전람회였던 전시(戰時) 특별 문부성전람회에 출품되었다.

03

카파스

데메트리오 디에고 作 (필리핀)

그림 속 포로들이 필리핀인인지 미국인인지 확인하기는 어려우나, 디에고는 행진 과정에서 굶주리고 병든 생존자들의 참상을 생생하게 묘사해 전쟁의 비참함과 일본 제국주의의 만행을 폭로하고 있다. 끔찍한 역사와 현실을 파헤치고 직시해야 한다는 의식은 독립 직후 필리핀 문화의 중심적인 과제였다.

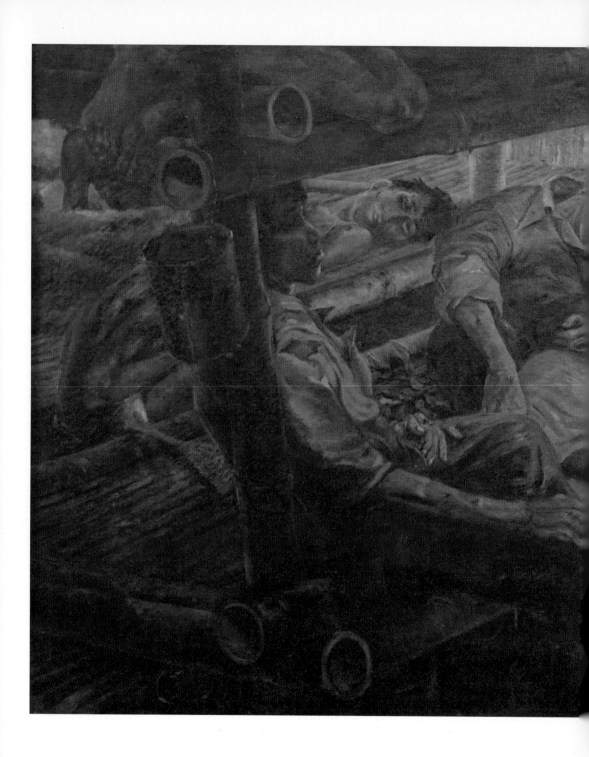

카파스

데메트리오 디에고
1948년
캔버스에 유채
86.5 x 118cm
필리핀국립미술관 소장

살아 있는지 죽었는지 분간하기 힘들 정도로 병색이 완연한 사람들이 여기저기 엉켜 있다. 처절한 장면이다. 움푹 팬 눈, 피골이 상접한 얼굴, 앙상한 팔과 뼈만 남은 손가락, 살아 있다 해도 겨우 숨만 붙어 있는 듯 보이는 사람들의 모습이 너무나도 비참하다. '바탄 죽음의 행진(Bataan Death March)'에서 가까스로 살아남은 포로들이 기진맥진한 채 쓰러져 있는 장면을 묘사한 그림이다.

태평양전쟁 중 1942년 4월 9일, 바탄에서 항복한 미군과 필리핀전쟁 포로들은 바탄의 마리벨레스에서 '카파스(Capas)'에 있는 오도넬 수용소까지 장장 97킬로미터의 거리를 강제로 이송당해야 했다. 12일간의 잔혹하고 끔찍한 행진 끝에, 처음 7만 5천 명의 포로들의 수가 카파스에 도착하자 5만 4천 명으로 줄었다고 한다. 강제 이송 과정에 포로들은 구타와 굶주림으로 고통받았고, 낙오자는 총검에 찔려 죽었다. 일본군이 필리핀에서 저지른 이 가혹한 전쟁 범죄를 '바탄 죽음의 행진'이라 부른다.

이 전쟁에서 일본이 승리함으로써, 필리핀에 대한 점령권은 미국에서 일본으로 이양되었다. 이후 1945년까지 일본은 필리핀의 실질적인 통치자였다. 그러나 1945년 태평양전쟁이 완전히 끝났을 때 최종적인 승자는 미국을 비롯한 연합군이었다. 그 후 전쟁범죄자에 대한 재판이 열렸을 때, 필리핀 침공 작전을 계획한 혼마 마사하루 중장은 마닐라 군사재판에서 유죄를 선고받고 처형되었다.

작가 데메트리오 디에고(Demetrio Diego, 1909-1988)는 '바탄 죽음의 행진'이 실제로 벌어진 1942년에서 시간이 훨씬 지난 1948년에 이 그림을 그렸다. 그는 필리핀대학 미술학부를 졸업한 후, 1925년부터 신문과 잡지의 삽화가로 활동했다. 펜과 잉크로 당대의 뉴스와 이슈를 삽화로 그렸다. 그림 속 포로들이 필리핀인인지 미국인인지 확인하기는 어려우나, 디에고는 행진 과정에서 굶주리고 병든 생존자들의 참상을 생생하게 묘사해 전쟁의 비참함과 일본 제국주의의 만행을 폭로하고 있다. 끔찍한 역사와 현실을 파헤치고 직시해야 한다는 의식은 독립 직후 필리핀 문화의 중심적인 과제였다. 이 작품은 '필리핀 미술협회'에서 주최한 제1회 미술 경연대회에서 2등상을 수상했다.

04 구두닦이 소년

이수억 作 (대한민국)

이 소년은 아마도 한국전쟁 중에 부모를 잃은 전쟁고아일 것이다. 의지할 곳 없이 홀로 구두를 닦으며 하루하루를 연명하는 소년의 모습을 통해 작가는 시대의 아픔을 기록하고자 했다.

218

구두닦이 소년

이수억
1952년
캔버스에 유채
114 x 76cm
대백프라자갤러리 소장

화면 한 가운데 서 있는 구두닦이 소년. 남루한 옷차림에 한쪽 어깨에는 도구가 든 가방을 메고 한 손에는 솔을 들었다. 옷의 단추 하나는 무심하게 떨어져 있고, 그가 신은 검정고무신은 자신의 실제 발사이즈보다 조금 더 큰 것처럼 보인다. 어디서 주워다 신은 것일까? 손을 배 위에 갖다 대고 있는 그의 동작은, 지금 관객들에게 배가 고프다는 의사 표시를 하고 있는 것처럼 보인다.

배경이 되는 도시는 거의 폐허에 가깝다. 1952년, 한국전쟁 중이다. 화면의 왼쪽에는 전쟁 중 다리 하나를 잃은 부상자가 길을 지나간다. 화면 오른쪽에는 미군 병사들이 다른 구두닦이 소년들에게 자신의 구두를 맡기고 있다. 그 옆으로는 미군을 상대로 성매매를 하며 돈을 벌었던 이른바 '양공주(洋公主)'들이 보인다. 선글라스를 끼고 담배를 피워 물고 있는 한 여성의 모습을 어렴풋이 알아볼 수 있다. 저 멀리 화면의 뒤에는 오래된 성당 하나가 서 있다. 이 모든 상황에도 아랑곳하지 않고 우뚝 서서 도시의 배경을 이룬다.

작가 이수억(1918-1990)은 함경남도 정평에서 출생하여 함흥농업학교, 평양사범학교를 거쳐, 1939년 일본으로 건너가 제국미술학교에서 서양화를 전공했다. 1946년 귀국하여 활동하던 중 한국전쟁을 맞았다. 북조선미술동맹 함경남도위원회 서기장으로 활동하다가 북진했던 국군을 따라 남한으로 넘어왔다. 월남 후에는 대구에서 국방부 정훈국 종군화가단에 소속돼 여러 점의 전쟁기록화를 남긴 것으로 알려져 있다.

1952년에는 전쟁이 어느 정도 소강 상태에 접어들어 있었기 때문에, 후방의 화가들은 상당히 적극적으로 예술작품을 제작, 발표했다. 그렇지만 기본적으로 물감을 구하는 일부터, 생업과 예술 작업을 병행하기가 여간 어려운 일이 아니었을 것이다. 수많은 예술가들이 당시 종군화가로 참여했고 또한 창작을 지속했지만, 한국전쟁 시기 제작된 작품들 중 남아 있는 것은 극히 소수에 지나지 않는다.

이수억의 〈구두닦이 소년〉은 그런 점에서 매우 의미 깊은 작품이다. 이 소년은 아마도 한국전쟁 중에 부모를 잃은 전쟁고아일 것이다. 의지할 곳 없이 홀로 구두를 닦으며 하루하루를 연명하는 소년의 모습을 통해 작가는 시대의 아픔을 기록하고자 했다. 20세기 세계의 전쟁 역사를 통틀어 기록적인 인명피해와 사회적 갈등을 야기했던 한국전쟁. 그 시대를 살아간 평범한 사람들의 처절한 일상이 오늘날 우리에게 교훈으로 남아 있다.

05

숙청

코웨샤융 作 (싱가포르)

사람들의 표정엔 공포감이 역력하지만, 죽음 앞에서 의연하게 존엄을 지키는 사
람도 있다. 화면 오른쪽에 보이는 한 중국인 남성은 자신을 기다리는 잔인한 운
명에 맞서 당당히 버티며 꼿꼿이 서 있다. 안경을 낀 사람의 모습을 보건대 이
들은 무고한 일반인, 학생, 지식인들이었을 것이다.

224

숙청

코웨샤웅
1963년
캔버스에 유채
85 x 150cm
싱가포르국가유산위원회 소장

일군의 중국인들이 짐승처럼 밧줄에 묶인 채 공터에 내몰려 총살당하기 직전의 장면을 포착했다. 총의 개머리판으로 피 흘리는 남성을 사정없이 내려치는 일본군의 잔혹함이 드러난다. 사람들의 표정엔 공포감이 역력하지만, 죽음 앞에서 의연하게 존엄을 지키는 사람도 있었다. 화면 오른쪽에 보이는 한 중국인 남성은 자신을 기다리는 잔인한 운명에 맞서 당당히 버티며 꼿꼿이 서 있다. 안경을 낀 사람의 모습을 보건대 이들은 무고한 일반인, 학생, 지식인들이었을 것이다.

1942년 2월 8일 말레이시아 반도 남단에 도착한 일본군은 2월 15일에 영국군의 항복으로 동남아시아의 요충지인 싱가포르를 점령했다. 그 직후 일본군은 중국계 주민 수만 명을 학살하는 화교 숙청 작업에 착수했다. 1942년 2월 18일에서 3월 4일 사이에 벌어진 대학살은 중국인 공동체 내부의 반일 세력들을 소탕하기 위해 벌인 작전이었다. 18세에서 50세까지, 수천 명의 중국인들이 싱가포르 곳곳에서 학살되었다. 작전의 목표가 된 대상은 1937년 이래 중일전쟁에 지원했던 중국계 싱가포르인들이었다고 한다. 이때까지도 일본은 여전히 중국과의 전쟁에서 고전 중이었고, 일본군은 그에 대한 분풀이를 이들에게 퍼부은 것인지도 모른다.

이 작품은 사건이 일어난 후 11년이 지난 1963년에 제작되었다. 코웨샤용(Koeh Sia Yong, 1938-)은 1938년 싱가포르에서 태어나 난양미술학교를 졸업하고, '적도미술협회(Equator Art Society)'의 멤버로 활동했으며, 싱가포르 미술의 사회적 리얼리즘 흐름을 주도한 핵심적 인물이었다. 그는 1942년 대학살 때 겨우

4살이었기 때문에 그 현장을 직접 목격했던 것은 아니다. 1963년, 제2차 세계대전 당시 일본군 점령기에 벌어진 학살과 잔혹 행위에 대해 일본정부의 배상을 요구하는 운동이 싱가포르의 중국인들 사이에서 벌어졌을 때, 코웨샤용은 이를 지지하는 뜻으로 이 작품을 제작했다.

06 자유 아니면 죽음

루스타마지 作 (인도네시아)

루스타마지는 인도네시아의 독립전쟁이 한참 지난, 1970년에 이르러서야 이 작품을 제작했다. 그 직접적인 이유는 밝혀지지 않았지만, 전쟁의 기억을 되살리고 기념해야 할 사회적 당위성이 존재했을 것이다. 이 작품은 전쟁 후에도 끊임없이 재생산되는 역사적 기억을 환기시킨다.

자유 아니면 죽음

루스타마지
1970년경
캔버스에 유채
136 x 256cm
인도네시아 하라판대학 소장

이 작품은 독립을 위해 위험한 투쟁을 벌이는 인도네시아 민중을 묘사하고 있다. 그들은 맨발에 제대로 무장도 하지 않고 게릴라전에 나섰다. 구할 수 있는 것이란 다 구해본 것처럼 무기의 종류는 통일되지 않았고, 머리에 쓴 모자도 모양이 제각각이다. 기다란 벽을 따라 늘어선 군인들과 폐허가 된 건물 더미가 파노라마처럼 펼쳐지고, 이 두 그룹을 구분 짓는 벽 한쪽에 하얀 글씨로 '자유 아니면 죽음'이라는 문구가 적혀 있다. 바로 이 작품의 제목이기도 하다.

벽 너머에 있을 적군은 아마도 네덜란드군일 것이다. 인도네시아는 제2차 세계대전 중 일시적으로 일본군의 통치에 놓였다. 전쟁에서 일본이 패하자 인도네시아는 1945년 8월 17일 독립을 선언하였다. 그런데 그때까지 원래 인도네시아를 식민 통치하던 네덜란드군이 영토에 계속 주둔하고 있었고, 이에 인도네시아의 독립선언은 공인받지 못한 채 곧 네덜란드군의 침공이 재개되었다. 오랫동안의 독립전쟁 끝에 인도네시아는 1949년에야 비로소 독립을 인정받게 된다.

루스타마지(Roestamadji, 1932-1990)는 1932년 동부 자바의 수라바야(Surabaya)에서 태어났다. 수조요노가 주도했던 '젊은 인도네시아 미술가 그룹'에 속해 그로부터 그림을 배웠다. 고향으로 돌아가서는 공산주의자 조직에 가담했고, 1965년 수하르토가 주도한 공산주의자 청산 작전 시 정부에 체포된 적도 있다. 이후 그는 미술계의 특정 그룹에 속하지 않고 독립적으로 작품활동을 이어갔다.

루스타마지는 작품의 배경인 인도네시아의 독립전쟁이 한참 지난 1970년에 이르러서야 이 작품을 제작했다. 그 직접적인 이유는 밝혀지지 않았지만, 전쟁

의 기억을 되살리고 기념해야 할 사회적 당위성이 존재했을 것이다. 이 작품은

전쟁 후에도 끊임없이 재생산되는 역사적 기억을 환기시킨다.

07 1972년 하노이 크리스마스 폭격

판깨안 作 (베트남)

폭격으로 폐허가 된 도시를 바라보며 여군 한 명이 서 있다. 두렵거나 침통한 모습이 아니라 어깨를 죽 펴고 고개를 빳빳이 들고 담담하게 폐허의 도시를 내려다보고 있다. 베트남전쟁의 종전을 앞두고 승리를 예감한 북베트남군의 당당하고 의기양양한 모습이다. 화면 오른쪽 무참하게 부서진 전투기는 아마도 미군이 그토록 자부심을 가지고 선전했던 B-52 폭격기일 것이다.

236

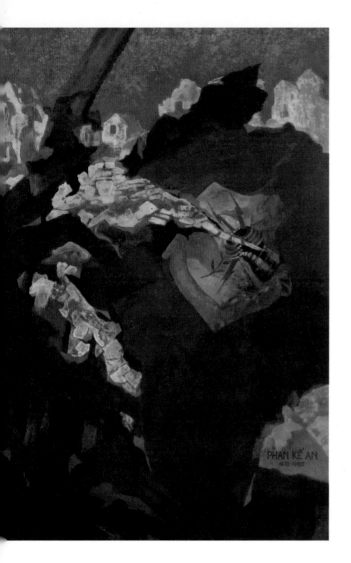

1972년 하노이 크리스마스 폭격

판깨안
1985년
패널에 옻칠
95 x 175cm
위트니스 컬렉션

폭격으로 폐허가 된 도시를 바라보며 여군 한 명이 서 있다. 두렵거나 침통한 모습이 아니라 어깨를 쭉 펴고 고개를 빳빳이 들고 담담하게 폐허의 도시를 내려다보고 있다. 베트남전쟁의 종전을 앞두고 승리를 예감한 북베트남군의 당당하고 의기양양한 모습이다. 화면 오른쪽 무참하게 부서진 전투기는 아마도 미군이 그토록 자부심을 가지고 선전했던 B-52 폭격기일 것이다. 배경을 이루는 폐허 사이로는 열심히 도시를 재건하는 사람들의 모습이 어렴풋이 보인다. 1972년 미군에 의해 자행된 '크리스마스 폭격' 현장을 그린 그림이다.

'크리스마스 폭격'은 미군이 B-52폭격기를 동원하여, 1972년 12월 18일부터 30일까지 하노이와 주변 지역에 대대적인 폭격을 가한 사건이다. 미군의 작전명은 '라인브레이커'였으나 크리스마스 시즌에 가해졌다고 해서 일명 '크리스마스 폭격'이라 불렸다. 대공습 때 미군은 무려 4만 톤이 넘는 폭탄을 무차별적으로 뿌려댔다. 하지만, 오랜 전쟁으로 대규모의 지하 방공호가 많았던 덕분에 대부분의 베트남군과 시민들이 방공호로 대피할 수 있었고, 사상자는 1,300명 정도로 폭격의 규모에 비하면 그리 많지 않았다.

미국은 이미 1969년 발표된 '닉슨 독트린'에 따라 베트남에서의 미군 철수를 진행하고 있었고, 북베트남과 평화교섭을 추진 중이었다. '크리스마스 폭격'은 협상에 제대로 응하지 않는 북베트남을 다시 협상테이블로 불러오기 위한, 일종의 보복에 가까운 공습이었다. 결국 베트남전쟁에서 하루라도 빨리 발을 빼기 원하는 미국의 주도로 결국 파리평화협정이 성립, 정전이 이루어졌고, 1973년 3월에 미군은 베트남에서 완전히 철수하였다.

베트남은 제2차 세계대전 후 독립국가를 형성하는 과정에서 가장 오랫동안 전쟁을 벌인 나라였다. 처음 1946년부터 1956년까지 프랑스를 상대로 벌인 10년 전쟁, 그리고 그 후 1975년까지 내전과 대리 전쟁의 성격을 겸한 20여년간의 전쟁이 그것이다. 결국 약 10,000일 간의 전쟁이 끝나고 나서야 베트남은 단일 국가로 통일되어 독립을 맞았다.

이 작품을 제작한 판깨안(Phan Ke An, 1923-)은 1944년 프랑스 식민지 시대 인도차이나 미술학교에 입학한 마지막 세대였다. 그는 이후 민족주의자이며 혁명 세력의 지지자로 성장했다. 호치민의 초상화가로 활동하며, 그의 자연스러운 일상적 모습을 담은 다수의 초상화를 남기기도 했다. 이 작품에서 보는 것처럼, 베트남의 민족 양식을 지지하는 입장에서 그는 전통 옻칠 기법을 회화양식에 즐겨 적용하였다. 옻칠로 여러 색상의 층을 덧입히는 특별한 수공예적 방식이 동원되었다.

〈1972년 하노이 크리스마스 폭격〉은 전쟁이 한참 지난 1985년에 제작되었다. 국민 단합을 위한 수단으로 전쟁의 기억을 환기하는 일은 전후에도 계속되었던 것이다. 현재에도 하노이의 한 호수 위에는 당시 미군 공군기 B-52의 잔해가 여전히 보존되고 있다.

5장

치열한 현실인식과 자아 탐구로 '새로운 리얼리즘'의 장을 열다

예술은 그저 아름다움을 생산하여 상류 계층의 안방에 위안을 선사하기 위해 존재하는 것이 아니다. 비록 추하다고 할지라도 실재하는 사회 현실을 생생하게 묘사하고, 현실에 대한 비판을 이미지를 통해 '발언'하는 것. 그것이 예술의 새로운 존재의 이유가 되었다.

20세기 후반 아시아 국가들은 식민지적 상황에서 벗어나 대부분 독립을 쟁취하였다. 앞서 이야기한 것처럼 그 과정에서 많은 국가들이 또 다시 전쟁을 겪어야 했고, 전쟁이 끝난 이후에도 여전히 갈등의 불씨가 남아 있었다. 통치권이 자국민에게로 넘어왔음에도 불구하고, 식민지 당시의 사회구조와 크게 변한 게 없었다. 지배층이 외국인에서 자국인으로 바뀌었을 뿐, 일반 국민들이 느끼는 억압적인 사회구조나 식민의 잔재는 쉽사리 해소되지 못했다.

특히 근대화가 진행되면서 급격한 개발주의, 도시 집중화 현상, 경제적 불균형, 독재정치 등과 관련된 사회적 문제들이 발생하기 시작했다. 자본주의 경제의 급성장이 급속한 도시화를 낳았고, 이는 농촌사회의 붕괴로 이어졌다. 여러 종류의 사회적 문제들이 폭발적으로 생겨나는 와중에, 정치 체계는 독재화로 굳어져 갔다. 특히 1975년까지 계속된 베트남전쟁은 그 당시 극단적 정치 상황을 더욱 첨예하게 만들었다. 전쟁이 일단락된 후에도 냉전시대의 이데올로기 갈등이 계속 이어질 수밖에 없었다.

이러한 유사한 시대적 상황 속에서, 한국과 더불어 아시아 여러 나라들에 '민중 미술'과 같은 움직임이 공통적으로 나타난 것은 결코 우연이 아니다. 예술은 그저 아름다움을 생산하여 상류 계층의 안방에 위안을 선사하기 위해 존재하는 것이 아니다. 비록 추하다고 할지라도 실재하는 사회 현실을 생생하게 묘사하고, 현실에 대한 비판을 이미지를 통해 '발언'하는 것. 그것이 예술의 새로운 존재의 이유가 되었다.

냉전시대의 다른 한 축이었던 공산주의 국가들, 즉 중국, 북한, 베트남 등은 공산주의 정권 하에서 또 다른 미학적 원칙을 생산하고 관리했다. 이들에게는 사회 비판이 허용되지 않았다. 대신 통치권자를 찬양하고, 노동하는 인민들에 대한 긍정적인 이미지를 선전하는 것이 예술의 새로운 역할로 자리매김했다.

이 장에서는 비 공산권 국가에서 제작된 사회 비판적 리얼리즘 작품들을 주로 수록했다. 그밖에 독립 직후 발생한 첨예한 정치사회 문제를 포착한 작품들도 몇 점 실었다. 그림을 살펴보면 당시 아시아 국가들 간에 직접적인 문화적 교류가 드물었음에도 불구하고 매우 비슷한 문제의식과 사회 비판적 태도를 견지하고 있었음에 놀라게 된다.

한편 이러한 작품들에서는 '사회' 문제와 함께 작가 본인의 '자아'를 성찰하려는 노력이 돋보인다는 점에서 흥미롭다. 화가 자신이 판자촌 앞에 서거나 대중 시위를 지휘하고, 화가의 가족, 화가의 아버지가 작품의 주인공이 되기도 한다. 자신과 자신을 둘러싼 사람들에게 관심을 갖고, 평범한 민중의 모습에서 교훈을 찾으며 진정한 자아를 발견하는 것이다. 이들에게 예술이란 일상 속에 녹아 있어 삶과 밀접한, 바로 나 자신과 가까운 무엇이다.

01 말레이 대서사시

추아미아티 作 (싱가포르)

그의 강연을 듣고 있는 이들은 젊은 소년에서부터 나이든 사람까지 다양하며, 여성들도 눈에 띈다. 이들의 표정은 너무나도 생생하다. 비탄에 잠긴 이들의 침통한 표정을 통해 우울하고 어두웠던 말라야의 역사를 간접적으로 일깨워주고 있다.

246

말레이 대서사시

추아미아티
1955년
캔버스에 유채
112 x 153cm
싱가포르국가유산위원회 소장

중등학교 교복을 입은 중국계의 젊은 학도들이 제대로 된 교실도 없이 야외의 바닥에 앉아서 말라야의 역사를 공부하는 데 열중하고 있다. 가운데 팔을 치켜들고 강의에 몰두한 청년은 한 손에 중국어로 '말라야'라고 써진 책을 들고 있다. 그의 다른 한 손 위로 구름 사이에서 새어나온 빛이 떨어지면서, 이 청년의 웅변적 제스처를 더욱 극적으로 만들고 있다. 그의 강연을 듣고 있는 이들은 젊은 소년에서부터 나이든 사람까지 다양하며, 여성들도 눈에 띈다. 이들의 표정은 너무나도 생생하다. 비탄에 잠긴 이들의 침통한 표정을 통해 우울하고 어두웠던 말라야의 역사를 간접적으로 일깨워주고 있다.

강연을 듣는 사람들은 둥그렇게 자리잡고 앉아 관객들이 앉을 공간도 살짝 남겨놓은 듯하다. 화면의 오른쪽엔 관객과 마찬가지로 등을 돌린 채 앉아 있는 안경 쓴 남자가 보이는데, 그의 어깨에는 파리가 앉아 있다. 이 파리는 두 가지 사실을 말해준다. 하나는 이 남자가 파리가 앉은 줄도 모른 채 강의에 몰두하고 있다는 사실이며, 또 하나는 이 그림을 그린 화가가 이렇게 작은 생물도 세밀하고 사실적으로 그릴 수 있다는 점을 과시하고 있다는 사실이다.

추아미아티(Chua Mia Tee, 1931-)는 중국에서 태어나 6살 때인 1937년 싱가포르로 이주했다. 1957년 난양미술학교를 졸업했으며, 1956년 '적도미술협회(Equator Art Society)'를 결성했던 사회적 사실주의자 그룹의 일원이었다. 추아미아티가 이 작품을 제작한 1955년, 그는 아직 난양미술학교의 학생이었다.

이 시기는 아직 말레이반도가 영국으로부터 독립을 하지 못한 채 새로운 국가의 형성을 모색하던 때였다. 당시 싱가포르인들은 말라야 연합으로 통합되어,

스스로 말레이인으로의 정체성을 추구하고 있었다. 따라서 중국계 싱가포르인들 사이에 말라야의 역사와 언어를 배우는 것이 일종의 열풍처럼 일어났다. 이 작품은 강력한 국민 계몽의 성격을 띤, 교육적 목적의 작품이었다고 할 수 있다.

이 작품이 제작된 후 2년이 지난 1957년, 말레이 지역은 혼란기를 수습하고 드디어 말라야 연방으로 통합, 영국으로부터 독립하였다. 그리고 이후 1963년 싱가포르, 사라왁, 사바를 합쳐서 새로운 연방으로 발전하였다. 그러나 1965년 중국계 정책 문제로 싱가포르는 연방으로부터 독립하여, 독자적인 국가체제를 수립하기에 이른다. 이후 중국계 싱가포르인들의 교육 방향은 재수정되었다.

02 나의 가족

헨드라 구나완 作 (인도네시아)

그의 작품은 일반 민중들의 활기찬 초상을 밝은 색채로 그린 것이다. 초현실적
으로 보일 만큼 강렬한 색으로 민중의 감정, 분노, 고통, 열정을 표현하고 있다.
이들의 강인한 정신력과 굳센 의지가 빛나는 색채를 빌려 화면 밖으로 분출하
는 듯하다.

252

나의 가족

헨드라 구나완
1968년
캔버스에 유채
197.5 x 145.5cm
싱가포르국가유산위원회 소장

아빠와 두 아들, 그리고 두 명의 부인이 등장하는 이 그림은 가족도이다. 평범한 가정을 꾸리는 듯한 이들이 특별히 비장한 표정을 짓고 있는 것은 작품 속 배경이 바로 감옥이기 때문이다. 가운데 남자는 화가 자신으로, 그는 1965년 인도네시아에서 대규모 공산주의 숙청이 일어났을 때 수감되어 1978년에 석방될 때까지 약 13년간 감옥에서 생활했다.

화면의 뒤쪽에 보이는 흰 건물이 감옥 건물로, 건물 앞에 특별면회 차 길게 늘어선 사람들의 모습이 보인다. 가족 중 빨간 옷을 입은 왼쪽의 젊은 여인은 감옥소에서 만나 작가의 제자가 된 그의 둘째 부인이다. 첫째 부인과 두 아들이 면회 온 것을 기념하여 가족도를 그린 것이다.

그런데 가족들의 비장한 얼굴 표정과는 달리 작품의 전체적인 인상은 화려하기만 하다. 작가는 빨강, 파랑, 녹색 등 눈부실 정도로 강렬한 원색을 사용했을 뿐 아니라, 피부조차 노랗고 파랗게 처리하여 인도네시아의 강한 태양빛에서 비롯된 독특한 효과를 과장하여 표현하였다.

의상에서도 인도네시아의 전통 문양이 의도적으로 사용되었다. 와양 쿨릿(Wayang Kulit), 즉 인도네시아의 전통 그림자극에서 쓰이는 인형과 같은 문양이 그려져 있고, 인도네시아 전통의 상상 속 동물이 옷 가득 새겨져 있다. 감옥에서도 변함없이 굳센 의지로 인도네시아의 자주적 정체성을 지키기 위해 고투하는 작가의 태도가 엿보인다.

헨드라 구나완(Hendra Gunawan, 1918-1983)은 인도네시아 반둥(Bandung) 출신의 작가이다. 아판디(Affandi)에게서 표현주의 화법을 배웠고, 이후 족자카르타에서 결성된 '민중의 화가들(People's Artists)' 그룹에 참여하여 수조요노와 함께 활동했다. 그는 공산주의자들이 지원하는 민중문화협회에 참여하다가 1965년 감옥으로 보내졌다.

그는 작품에서 일반 민중들의 활기찬 초상을 밝은 색채로 그렸다. 초현실적으로 보일 만큼 강렬한 색으로 민중의 감정, 분노, 고통, 열정을 표현하고 있다. 이들의 강인한 정신력과 굳센 의지가 빛나는 색채를 빌려 화면 밖으로 분출하는 듯하다.

03

도시계급

데데 에리 수프리아 作 (인도네시아)

작품 속 남자는 바로 화가 자신이다. 본인이 그린 그림을 걸어둔 벽 앞에 서 있는 자기 모습을 다시 그린 듯한 느낌을 자아내면서, 작품을 보고 있으면 가상과 현실이 겹쳐져 무한 반복될 것만 같다. 작가는 빈민가를 배경으로 인도네시아에 살고 있는 한 인간의 초상을 자신의 자화상을 통해 고백적으로 그려냈다.

258

도시계급

데데 에리 수프리아
1977년
캔버스에 유채
223 x 324cm
인도네시아미술공예관 소장

허름한 판자촌을 배경으로 한 남자가 붓을 들고 서 있다. 그가 한 발을 걸치고 있는 테이블 위에 놓인 사진에는 그 남자의 얼굴이 다시 한 번 등장한다. 왼쪽 벽에는 액자가 하나 걸려 있는데, 흥미롭게도 액자 속 그림은 남자가 서 있는 배경의 오른쪽 일부를 옮겨놓은 것이다. 마치 관객들이 보고 있는 이 그림을 작품 속 주인공이 벽에 걸어둔 것 같다.

작품 속 남자는 바로 화가 자신이다. 본인이 그린 그림을 걸어둔 벽 앞에 서 있는 자기 모습을 그림으로 다시 그린 듯한 느낌을 자아내면서, 작품을 보고 있으면 가상과 현실이 겹쳐져 무한 반복될 것만 같다. 작가는 빈민가를 배경으로 인도네시아에 살고 있는 한 인간의 초상을 자신의 자화상을 통해 고백적으로 그려냈다.

급격한 도시화와 산업화가 진행됨에 따라 대량 이농현상이 일어났고, 이러한 과정에서 도시로 밀려든 농촌 인구는 도시의 하층민을 이루며 판자촌에 살게 되었다. 그림 속 배경이 바로 그런 판자촌의 풍경이다. 작가는 작품을 통해 이러한 현실 앞에서 화가로서 자신이 어떠한 역할을 할 수 있을지 스스로 의문을 제기하는 것 같다. 붓을 들고, 현실을 반영해 그림이라는 환영을 완성하는 것. 예술가의 직업이 그런 것이지만, 대체 현실의 어떤 부분을 담아내야 하는 것일까?

데데 에리 수프리아(Dede Eri Supria, 1956-)는 1956년 자카르타에서 출생했다. 그는 1970년대 사회적 리얼리즘을 주도했던 작가 두쿳 헨드라노토(Dukut Hendratnoto)에게서 그림을 배웠고, 족자카르타의 인도네시아 미술학교에서도 수학하였다. 1977년 '새로운 미술운동(GSRB, New Art Movement)' 그룹에 참여하면서, 1970~1980년대 인도네시아의 민중미술 운동을 주도한 인물 중 하나이다.

〈도시계급〉에서도 그러하듯 그가 그린 대부분의 작품들은 농촌에서 더 나은 삶을 꿈꾸며 이주한 이들이 도시 하층민이 되어 겪는 비참한 현실에 관한 것이다. 가난하고 초라한 이들의 일상을 객관화하고 사실적으로 묘사함으로써, 인도네시아의 현실을 직시하고 자각하게 한다. 실제 사진에서 소재를 취하는 만큼, 그의 작품세계에서 기록적 성격은 매우 중요하다.

하지만 그의 작품들은 사진에는 없는 특별한 매력을 지녔는데, 눈앞에 보이는 믿을 수 없는 현실이 사실인지 가상인지를 끊임없이 질문하도록 관객을 유도하는 것이다. 질문과 이에 호응하는 관객의 반응까지 고려하면서 작가는 '그림'을 통해 사회에 대한 비판적 발언을 서슴지 않는 것이야말로 예술가의 임무라고 믿고 있다.

04 농부2 (저울에 걸린 농부)

탐마삭 분체르드 作 (타이)

드넓은 들녘의 곡식은 풍성하게 여물었는데, 이 농부는 왜 목숨을 끊었을까? 그의 몸을 옭아맨 밧줄과 구타의 흔적, 목을 낚아 올린 저울은 농부가 처했을 고통과 억압적 상황을 암시한다. 특히 저울 위에 저울, 그 위에 다시 반복되어 그려진 저울은 농부를 억압하는 지배 권력의 구조가 상당히 복잡한 위계 관계 속에 있음을 상징하고 있다.

264

농부2 (저울에 걸린 농부)

탐마삭 분체르드
1979~1980년
캔버스에 유채
126.5 x 101cm
작가 소장

빈곤과 고된 노동으로 앙상한 반라의 몸을 드러낸 한 농부가 저울에 목을 매단 채 죽어 있다. 흘러내리는 피, 찢어진 바지, 구멍 난 모자가 농부의 비극적 상황을 적나라하게 드러내 보인다. 화면의 배경을 이루는 노란 들판에 우뚝 솟은 허수아비의 유령 같은 형상 또한 처절한 분위기를 더한다. 하늘에 떠다니는 구름조차 찢어질 듯 갈라져, 이 처참한 상태를 함께 나누는 것 같다.

드넓은 들녘의 곡식은 풍성하게 여물었는데, 이 농부는 왜 목숨을 끊었을까? 그의 몸을 옭아맨 밧줄과 구타의 흔적, 목을 낚아 올린 저울은 농부가 처했을 고통과 억압적 상황을 암시한다. 특히 저울 위에 저울, 그 위에 다시 반복되어 그려진 저울은 농부를 억압하는 지배 권력의 구조가 상당히 복잡한 위계 관계 속에 있음을 상징하고 있다.

전체적으로 화면은 매우 독특한 황색과 녹색조로 뒤덮여 있어, 끔찍한 광경을 마치 '초현실적으로' 느끼게 한다. 작가는 이러한 악독한 농민 착취 행위가 타이에서 실제로 일어나는 '현실'이라는 점을 강조하고 싶었기에 오히려 초현실적인 기법을 쓰고 있는지도 모른다. 초현실적으로 보이는 장면을 직면하게 함으로써, 우리가 어쩌면 외면하고 있을지 모를 현실을 역설적으로 각성하고 반성하게 하려는 의도다.

작가 탐마삭 분체르드(Thammasak Booncherd, 1945-)는 1945년 타이 남부에 위치한 낙혼 시탐마랏(Nakhon Srithammarat)의 농촌가에서 태어났다. 그가 이 작품을 제작한 1970년대에는 타이의 좌파 성향의 학생운동이 거세게 일어나는 등 이념이 격렬하게 분출하던 시기였다. 그는 이때 방콕의 실파콘(Silpakorn)대학을 다니면서, 정치 사회적 발언을 담은 작품을 창작했다.

1976년 10월 6일, 이념적 긴장으로 팽팽하던 때에 교내에서 유혈 학살이 발생했다. 바로 '1976년 탐마삿(Thammasat)대학 학살'이다. 탐마삿대학에서 정부의 노동운동 탄압을 조롱하는 연극을 벌이며, 2명의 노동자가 교수형에 처해졌진 상황을 극중에 표현했다. 그런데 교수형 당한 노동자 중 하나를 연기한 배우가 그 당시 타이 왕자와 닮은 것을 들어, 좌파 학생들이 군주제를 폐지하려고 한다는 소문이 퍼져나갔다. 이에 군경과 극우민병대가 대학을 포위한 뒤 학생들을 사살, 강간한 사건이 벌어졌는데, 공식 사망자 46명, 비공식 사망자 100명에 달하는 대규모 학살로 기록되었다.

이 사건으로 인해 타이는 정치적 격변기에 들어섰고 탐마삭 또한 동시대 학생들과 정치적 활동가들이 그랬듯이 군부의 엄중한 단속을 피해 3개월간 숲속에서 은신하기도 했다. 1979년 정치적 긴장이 어느 정도 가라앉자 탐마삭은 〈농부 2〉를 그려 문화 활동가들이 마련한 전시에서 작품을 공개할 수 있었다.

이 그림 속 장면이 아무리 끔찍해 보인다 하더라도, 부정부패와 유혈사태, 끊이지 않는 쿠데타에 직면한 타이의 실제 현실보다는 덜할 것이다. 타이는 아시아 대부분이 경험했던 직접적인 식민 통치를 면했지만, 뿌리 깊은 비합리적 사회구조 속에서 아직 벗어나지 못하고 있다.

05 잠재의식 #1

끼에띠삭 차논낫 作 (타이)

아래 패널에는 바지 하나가 마찬가지로 옷걸이에 걸려 있고, 밖으로 두 발을 내밀고 있다. 완전히 바닥에 닿지 않고 매달린 채로. 그 앞에는 무심하게 신발 한 켤레가 놓여 있다. 이 기묘한 장면은 실제로는 있을 수 없는 모순적 상태를 지극히 생생하게 사실적으로 보여줌으로써 관객에게 일종의 충격을 가한다.

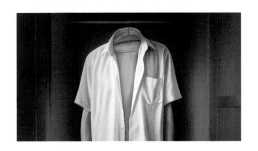

270

잠재의식 #1

끼에띠삭 차논낫
1980년
캔버스에 혼합재료
153 x 100cm
디사폴 찬시리 소장

나무 문짝을 열면 흰 셔츠가 하나 걸려 있다. 분명 옷걸이에 걸린 상태라 속은 텅 비어 있을 게 틀림없지만, 마치 누군가 그것을 입고 있는 듯 셔츠에서 부피감이 느껴진다. 그리고 소매 밑으로 놀랍도록 사실적으로 묘사된 앙상한 팔이 나와 있다. 옷장의 문은 오브제처럼 실재하는 나무 판인데, 옷장 속은 실제로는 2차원 평면이지만 마치 3차원적 공간처럼 보인다.

아래 패널에는 바지 하나가 마찬가지로 옷걸이에 걸려 있고, 밖으로 두 발을 내밀고 있다. 완전히 바닥에 닿지 않고 매달린 채로. 그 앞에는 무심하게 신발 한 켤레가 놓여 있다. 이 기묘한 장면은 실제로는 있을 수 없는 모순적 상태를 지극히 생생하게 사실적으로 보여줌으로써 관객에게 일종의 충격을 가한다.

〈잠재의식 #1〉은 작가 끼에띠삭 차논낫(Kiettisak Chanonnart, 1943-)이 대학 시절에 겪은 남동생의 의문의 죽음을 소재로 한 것이다. 끼에띠삭은 타이 실파콘(Silpakorn)대학의 미술대학 재학 시절에 남동생을 잃었다. 그는 병원의 영안실에서 동생의 시신을 보고 큰 충격을 받았다고 한다. 그의 동생은 1970년대 극렬했던 학생 데모와 무자비한 학원 탄압 분위기 속에서 의문의 죽음을 맞았는지도 모른다.

끼에띠삭은 1970~1980년대 타이의 독특한 초현실주의적, 극사실주의적 미술 경향을 작품에 반영했다. 정치 사회적 문제를 암시하면서도, 그는 그러한 구조적 상황 속에서 살아가는 개인의 심리적 상태를 작품으로 표현하는 것에 더 큰 관심을 두었다. 인적 없는 철로를 달리는 기차, 우울하고 황량한 공간에 놓인 해골, 비명을 지르는 얼굴, 밀폐된 방 등이 그의 작품에 등장하는 소재들이다.

직접적으로 정치적인 발언을 하지는 않았지만, 숨 막히는 사회구조가 빚어내는 개인의 불안과 우울, 무의식을 작품에 담아냈다.

　현실과 초현실, 존재와 비존재의 경계가 모호하게 처리된 작품을 통해, 작가는 우리가 지금 바라보는 그 무엇도 실재가 아닐지도 모른다고 말한다. 또한 어쩌면 초현실적으로 보이는 것들이 차라리 더 실재에 근접한 것일지도 모른다고 암시한다. 결국 무엇이 진정한 '실재', '리얼리티'인가에 대한 물음은 어떠한 고정된 정답도 없이, 영원히 끝나지 않는 '질문' 그 자체로 우리 앞에 놓여 있다.

06 민족의 드라마

레나토 아불란 作 (필리핀)

작품의 하단을 차지하는 군중의 모습은 관객의 시선과 일치하도록 의도적으로
배치되었다. 이들은 위의 화면들에 나타난 폭력의 희생자와 노동자들의 권리를
위해 싸우고 항거하는 중이다. 분노의 표정과 거센 함성, 극도의 슬픔이 무리를
사로잡고 있다.

민족의 드라마

레나토 아불란
1982년
캔버스에 유채
244 x 153cm
싱가포르국가유산위원회 소장

다른 시간대에 벌어진 세 가지 일들이 삼단구성을 통해 한 화면에 함께 묘사되어 있다. 맨 위에는 죽은 자의 장례 행렬, 가운데에는 노동자들이 겪는 수난, 맨 아래에는 사회 불평등에 항거하는 대중의 움직임이 그려졌다. 가운데 화면에서 땅을 파고 일하는 사람들은 어쩐지 상단의 화면 속 장례 행렬과 관계된 관을 묻기 위한 행위, 즉 '매장'을 하고 있는 듯하다. 마치 '예수 그리스도의 매장'을 지켜보는 것과 같은 종교적 아우라까지 풍기면서, 전체적으로 장엄하고 비장한 서사구도를 이루고 있다. 실제로 화면 상단 오른쪽에는 작가가 영감을 받았음이 분명한 작품, 죽은 예수를 매장지로 운반하는 모습을 그린 "안토니오 시세리(Antonio Ciseri)의 〈매장(Entombment(1883)〉"이 작은 글씨로 새겨져 있다. 비록 이것이 없다 하더라도, 독실한 기독교 국가인 필리핀의 사람들 대부분은 이 작품에 담긴 종교적 함축을 즉각적으로 이해할 수 있었을 것이다.

작품의 하단을 차지하는 군중의 모습은 관객의 시선과 일치하도록 의도적으로 배치되었다. 이들은 위의 화면들에 나타난 폭력의 희생자와 노동자들의 권리를 위해 항거하는 중이다. 분노의 표정과 거센 함성, 극도의 슬픔이 무리를 사로잡고 있다. 행렬의 흐름에 따라 오른쪽에서 왼쪽으로 시선을 돌리면 왼쪽에 무리를 이끄는 흰 셔츠를 입은 인물이 보이는데, 그가 바로 작가 자신이다. 맨발로, 주먹을 불끈 쥐고, 다른 이들과는 달리 홀로 관객을 정면으로 응시하는 작가는 관객들로 하여금 이 무리에 동참해 줄 것을 호소하는 것 같다. 이러한 민중의 궐기야말로 종교적으로 신성한 것이라고 작가는 주장하고 있는 것이다.

1970~1980년대 필리핀은 마르코스의 장기 집권과 독재정치로 심각한 정치

적 문제를 안고 있었다. 특히 1972년 계엄령의 선포 이후 노골화된 언론 통제, 권력 남용, 부정선거, 부패와 비리는 마르코스가 1986년 대통령직을 사퇴할 때까지 계속되었고, 이에 반발하는 민주화 운동 세력도 점점 더 거세졌다. 레나토 아불란(Renato, Habulan, 1953-)은 그러한 사회적 분위기 속에서 1976년 결성된, 필리핀의 젊은 미술운동가 그룹인 '카이사한(Kaisahan)'의 창립 멤버 중 하나였다. 그는 예술가들이 민중의 삶과 함께 해야 한다는 믿음 속에서 루손 지역의 원주민들과 지역 공동체 생활을 하기도 했고, 노동자 중심의 연극 단체의 결성을 돕기도 했다. 또한 소외 계층에 대한 인식, 경제적 불균형에 대한 고발 등 한국 민중미술에서 취했던 것과 매우 유사한 주제를 작품으로 표현하였다.

그는 사회운동의 한 방편으로 연극에 관심을 가졌는데, 그 영향이 이 작품의 매우 극적인 효과를 통해 드러나 있다. 〈민족의 드라마〉에서 모든 배우들은 드라마틱한 노을 빛 조명 아래에서 민족이 처한 비극적 운명을 호소력 있게 연출하고 있다. 이 작품은 1983년 필리핀 마닐라에서 열린 〈시간의 충만함〉전에 출품되었을 때, 언론탄압을 받기도 했다.

07

속·농자천하지대본

이종구 作 (대한민국)

화면 상단에는 대한민국의 국기가 자랑스럽게 붙어 있다. 그 아래에는 농부의 청년 시절 양복 입은 사진이 보이고, 옆으로는 실제 그가 젊은 시절 정부로부터 받았던 모범 '염전 종업원'에 대한 표창장이 콜라주 되어 있다. 그때부터 지금까지 한결같이 성실하게 살아왔음에도 불구하고, 농부는 여전히 어딘가 찌들어 보인다.

속 · 농자천하지대본

이종구
1984년
쌀부대
170 x 100cm
서울시립미술관 소장

이 작품은 1980년대 한국의 농촌에서 실제로 사용하던 쌀부대 뒷면에 그린 농부의 초상화이다. 농부의 햇볕에 그을린 피부, 쭈글쭈글한 주름살, 그 당시 외출복으로 겸했을 속옷 셔츠, 불거져 나온 핏줄까지 생생하게 묘사되었다. 마치 강한 촬영용 조명 장치 아래 놓인 듯, 밝은 빛을 받으며 찡그린 그의 얼굴 뒤로는 그림자가 선명하게 드리워져 있다. 이 그림자로 인해 2차원적 화면에 생생한 입체감이 살아나며, 작품의 '실재성'이 더욱 강조된다.

화면 상단에는 대한민국의 국기가 자랑스럽게 붙어 있다. 그 아래에는 농부의 청년 시절 양복 입은 사진이 보이고, 옆으로는 실제 그가 젊은 시절(서기 1947년) 정부로부터 받았던 모범 '염전 종업원'에 대한 표창장이 콜라주 되어 있다. 그때부터 지금까지 한결같이 성실하게 살아왔음에도 불구하고, 농부는 여전히 어딘가 찌들어 보인다. 그저 정부에 진 빚을 갚아가며 근근이 살아갈 뿐이다. 이러한 기구한 사연은 농부의 셔츠 위에 붙여진, 상경한 아들에게 보낸 편지의 내용을 통해 간접적으로 암시되었다. 힘든 일상을 진솔하게 담고 있는 아버지의 편지는 "곧 엄마가 고춧가루를 들고 상경할 것"이라는 내용으로 끝난다.

이 편지를 받은 아들이 바로 이 작품을 그린 화가 이종구(1954-)이다. 화가는 고향인 충청남도 서산의 오지리에서 평생 농사일을 하며 살았던 아버지의 고달팠던 생애를 작품으로 그렸다. 아버지의 늙고 지친 모습은 그의 청년 시절 사진과의 대비를 통해 더욱 극명하게 전달된다. 아버지의 뒤로 풍요로운 수확을 기뻐하며 환하게 웃고 있는 한 농부의 모습이 그려져 있는데, 이는 당시 농촌 홍보물에 수록된 선전적 이미지였다. 홍보물의 농부와 현실 속 농부, 즉 이상화된 이미지와 실제 농촌의 현실 사이에 놓인 괴리를 지적하고 있는 작가의 숨은 의도를 읽을 수 있다.

예부터 우리는 '농자천하지대본,' 즉 '농사는 천하의 근본'이라고 배워왔다. 하지만 현실에서는 힘들고 고달픈 자신의 아버지 모습을 바라보며, 작가는 '속·농 자천하지대본'이라는 작품 제목을 화면 하단에 적어 넣었다. 작품의 제목 또한 표어와 현실 사이의 괴리를 조롱하는 듯하다.

이종구는 1970~1980년대 한국의 민중미술이 고조되었던 시기 중앙대학을 졸업하고 민중미술운동에 참여하였다. 졸업 후 1984년 고향인 오지리로 돌아가서 자신의 주변, 그리고 자신이 실제로 관찰하고 분석한 현실을 극사실적으로 그려 나갔다. 그는 오지리 연작을 통해 농촌 부흥을 기치로 내건 정부 시책의, 표면적 성공 뒤에 감추어진 실제적 현실을 적나라하게 드러내었다.

08 한국근대사 4

신학철 作 (대한민국)

작가는 대부분의 이미지를 그리는데 있어, 실제 다큐멘터리 사진을 참조하였다. 《사진으로 보는 한국 백년》이라는 책에 등장하는 사진들을 주로 활용하여, 작품 속 이미지가 결코 과장이나 허구가 아니라 사실에 근거했음을 밝히고 있다. 각각의 인물과 형상은 사실적임에도 불구하고, 이들이 이룬 전체적인 인상은 '믿을 수 없는' 초현실과 같이 느껴진다.

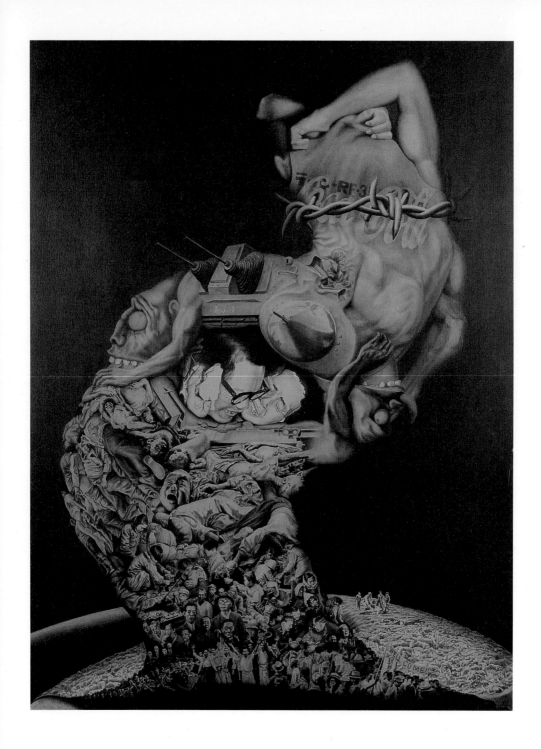

신학철
1982년
캔버스에 유채
128 x 100cm
개인 소장

거대한 신체와 같은 형상이 화면 아래에서부터 용솟음치듯이 분출한다. 더욱 위로 뻗어가고 싶지만, 쇠사슬에 묶여 잘 되지 않는다. 족쇄를 벗어나려 안간힘을 써봐도 꼼짝달싹 못한다. 한국의 근대사를 이미지로 형상화한 '한국근대사' 연작이다.

화면의 바닥을 이루는 것은 일제 식민지 시대 고통 받는 민중들의 형상이다. 저 멀리 관동대지진 당시의 조선인 학살도 아스라하게 실루엣처럼 그려져 있다. 화면 제일 아래 보이는 첫 번째 이미지는 해방을 맞아 서대문형무소에서 뛰쳐나와 만세를 부르는 사람들의 모습이다. 하지만 곧 이어 미국의 하지 장군과 소련의 스티코프 장군의 악수 장면이 보이고, 그 주변으로 김구, 송진우, 조만식 등 해방 공간의 수많은 정치인들이 모습을 드러낸다. 그리고 이승만 대통령의 취임 장면이 이어진다.

그러나 이내 전쟁이 일어나고 피난민의 행렬, 울부짖는 어린이, 몸부림치는 여성들, 나뒹구는 시체들이 다함께 뒤엉켜 비극적 상황을 극대화시킨다. 그러고는 냉전시대가 이어진다. 남파 간첩사건, 남북 갈등…… 그리고 화면의 정중앙을 차지하는 것은 울부짖는 이산가족의 상봉 장면이다.

한국의 근대사는 이렇게 끝없는 갈등과 고통의 연속이었다. 작가는 대부분의 이미지를 그리는 데 있어, 실제 다큐멘터리 사진을 참조하였다. 《사진으로 보는 한국 백년》(동아일보사, 1979)이라는 책에 등장하는 사진들을 주로 활용하여, 작품 속 이미지가 결코 과장이나 허구가 아니라 사실에 근거했음을 밝히고 있다. 다만, 이와 같은 장면들을 하나의 화면에 재조합하고 응축하여 표현함으로써, 한국의 근대사가 지닌 비극적 상황을 더욱 극적으로 보여주고 있다. 각각의 인물과 형상은 사실적임에도 불구하고, 이들이 이룬 전체적인 인상은 '믿을 수 없는' 초현실과 같이 느껴진다.

신학철(1944-)은 1968년 홍익대학교 미술대학을 졸업하고, 1970년대에는 다양한 실험미술을 시도한 바 있다. 그러나 1980년대 민중미술운동의 주요 전시에 참여하면서, 한국 근대사 연작을 발표하였다. 한국의 역사 속에 등장하는 민중의 고통과 상처, 그럼에도 불구하고 끈질기게 이어지는 그들의 생명력과 강인한 힘이 작품의 주제였다. 그는 작품을 통해 한국의 역사를 이끈 주역은 바로 민중들이었음을 웅변하고 있다.

한편, 신학철의 작품 속 비극적인 이미지보다 더 비극적인 것은, 지금 이 순간까지도 한국 근대사의 고통이 끝나지 않았다는 '현실'이다. 아직도 남북한의 갈등과 분단의 현실은 끝나지 않았다. 세계적으로 냉전은 종식되었는데도 한반도만은 여전히 긴장 상태로 남아 있다. 비단 한국뿐만이 아니다. 아시아의 많은 국가들이 20세기의 굴곡 많은 역사적 문제에서 비롯된 정치적 혼란이나 사회 구조적 병폐들을 아직까지 해결하지 못하였다.

그럼에도 불구하고 현재는 계속된다. 21세기에 들어와 이른바 '신자유주의'로 대표되는 새로운 국면의 세계화 구조 속에서, 아시아 각국이 그리고 한국이 나아가야 할 역사적 방향, 예술적 진로는 어떠한 것일까? 미래에 대해 질문하기 위해서라도 우리는 끊임없이 과거의 역사를 되돌아보아야 할 것이다. '성찰' 없는 미래는 암울하기 때문이다.

1장

P18 ────────────────────────────

후안 센손(필리핀)   Juan Senson(Philippines)
라구나 만과 앙고노 마을 풍경   **Partial View of the Tour of Angono and Bay of Laguna**
1890년대, 캔버스에 유채, 121 x 185cm   c 1890s, Oil on canvas, 121 x 185cm
필리핀중앙은행 소장   Collection of Central Bank of the Philippines

P24 ────────────────────────────

라덴 살레(인도네시아)   Raden Saleh(Indonesia)
푼착 고개   **Puncak Pass**
1871년, 캔버스에 유채, 72 x 106cm   1871, Oil on canvas, 72 x 106cm
개인 소장   Private collection, Singapore

P30 ────────────────────────────

다카하시 유이치(일본)   Takahashi Yuichi(Japan)
오이란(花魁)   **Courtesan**
1872년, 캔버스에 유채, 77 x 55cm   1872, Oil on canvas, 77 x 55cm
도쿄예술대학미술관 소장   Collection of Tokyo University of the Arts, Japan

P36 ────────────────────────────

라자 라비 바르마(인도)   Raja Ravi Varma(India)
달빛 속의 여인   **Lady in the Moonlight**
1889년, 캔버스에 유채, 75 x 59.5cm   1889, Oil on canvas, 75 x 59.5cm
인도국립근대미술관 소장   Collection of National Gallery of Modern Art, India

P42 ────────────────────────────

파비안 데 라 로사(필리핀)   Fabian de la Rosa(Philippines)
리잘   **Rizal**
1902년, 캔버스에 유채, 65 x 49cm   1902, Oil on canvas. 65 x 49cm
싱가포르국가유산위원회 소장   Collection of National Heritage Board, Singapore

P50 ────────────────────────────

데비프라사드 로이 쵸드리(인도)   Deviprasad Roy Chowdhury(India)
라빈드라나트 타고르   **Rabindranath Tagore**
제작연도 미상, 종이에 템페라, 40.5 x 33.5cm undated, Tempera on paper, 40.5 x 33.5cm
인도국립근대미술관 소장   Collection of National Gallery of Modern Art, India

P56 ───────────────────────────────────────

김관호(한국)   Kim Gwan-ho(Korea)
해질녘   **Sunset**
1916년, 캔버스에 유채, 127.5 x 127.5cm   1916, Oil on canvas, 127.5 x 127.5cm
도쿄예술대학미술관 소장   Collection of Tokyo University of the Arts, Japan

P62 ───────────────────────────────────────

배운성(한국)   Pai Un-soung(Korea)
가족도   **A Big Family**
1930~35년, 캔버스에 유채, 140 x 200cm   1930~35, Oil on canvas, 140 x 200cm
전창곤 소장   Collection of Jeon Chang Gon, Korea

P68 ───────────────────────────────────────

응우옌기어찌(베트남)   Nguyen Gia Tri(Vietnam)
베트남 풍경   **Landscape of Vietnam**
1940년, 패널에 옻칠, 159 x 119cm   1940, Lacquer on panel, 159 x 119cm
싱가포르국가유산위원회 소장   Collection of National Heritage Board, Singapore

2장

P80 ───────────────────────────────────────

아사이 추(일본)   Asai Chu(Japan)
농부 귀가   **Farmer Returning to Home**
1887년, 캔버스에 유채, 135.5 x 98.5cm   1887, Oil on canvas, 135.5 x 98.5cm
히로시마미술관 소장   Collection of Hiroshima Museum of Art, Japan

P86 ───────────────────────────────────────

페르난도 아모르솔로(필리핀)   Fernando Amorsolo(Philippines)
모내기   **Rice Planting**
1924년, 캔버스에 유채, 69 x 99cm   1924, Oil on canvas, 69 x 99cm
파울리노 케 부부 소장   Collection of Mr and Mrs Paulino Que

P92 ───────────────────────────────────────

압둘라 수리오수브로토(인도네시아)   Abdullah Suriosubroto(Indonesia)
석양에 물든 인도네시아 마을   **An Indonesian Village at Sunset**
제작연도 미상, 캔버스에 유채, 65 x 145cm undated, Oil on canvas, 65 x 145cm
싱가포르국가유산위원회 소장   Collection of National Heritage Board, Singapore

P98

이인성(한국)
해당화
1944년, 캔버스에 유채, 228.5 x 146cm
삼성미술관 리움 소장

Lee In-seong(Korea)
Sweet Briers
1944, Oil on canvas, 228.5 x 146cm
Collection of Leeum, Samsung Museum of Art, Korea

P106

카를로스 프란시스코(필리핀)
피에스타
1946년, 캔버스에 유채, 264.2 x 269.2 cm
파울리노 케 부부 소장

Carlos V. Francisco(Philippines)
Fiesta
1946, Oil on canvas, 264.2 x 269.2 cm
Collection of Mr. And Mrs. Paulino Que

P112

변월룡(한국)
북조선의 모내기
1955년, 캔버스에 유채, 115 x 200cm
개인 소장

Byun Wol-ryong(Korea)
North Korea's Rice Planting
1955, Oil on canvas, 115 x 200cm
Private collection

P118

양즈광(중국)
눈 내리는 밤에 식사 배달하기
1959년, 종이에 채색, 292 x 120cm
광동미술관 소장

Yang Zhiguang(China)
Meal Delivery at a Snowing Night
1959, Color on paper, 292 x 120cm
Collection of Guangdong Museum of Art

p124

모하메드 후세인 에나스(말레이시아)
케란탄에서 담뱃잎 따기
1962년, 캔버스에 유채, 96 x 121cm
말레이시아국립미술관 소장

Mohd Hoessein Enas(Malaysia)
Picking Tobacco Leaves in Kelantan
1962, Oil on canvas, 96 x 121cm
Collection of National Art Gallery, Malaysia

P130

조셋 첸(싱가포르)
사테 파는 소년
1964년, 캔버스에 유채, 135 x 161cm
싱가포르국가유산위원회 소장

Georgette Chen(Singapore)
Satay Boy
1964, Oil on canvas, 135 x 161cm
Collection of National Heritage Board, Singapore

3장

P140 ——

이시가키 에이타로(일본)   Ishigaki Eitaro(Japan)
무쇠팔   **Undefeated Arm**
1929년, 캔버스에 유채, 91 x 106cm   1929, Oil on canvas, 91 x 106cm
도쿄국립근대미술관 소장   Collection of National Museum of Modern Art, Tokyo

P146 ——

암리타 세르길(인도)   Amrita Sher-gil(India)
어머니 인도   **Mother India**
1935년, 캔버스에 유채, 78 x 62.5 cm   1935, Oil on canvas, 78 x 62.5cm
인도국립근대미술관 소장   Collection of National Gallery of Modern Art, India

P152 ——

쉬베이훙(중국)   Xu Beihong(China)
우공이산(愚公移山)   **The Foolish Old Man Who Removed the Mountains**
1940년, 종이에 수묵채색, 144 x 421cm   1940, Ink and colour on paper, 144 x 421cm
쉬베이훙기념미술관 소장   Collection of Xu Beihong Memorial Museum, China

P158 ——

이쾌대(한국)   Lee Qoe-de(Korea)
걸인   **A Beggar**
1948년, 캔버스에 유채, 91 x 61cm   1948, Oil on canvas, 91 x 61cm
개인 소장   Collection of artist's family

P164 ——

비센테 마난살라(필리핀)   Vincente Manasala(Philippines)
어부들   **Fishermen**
1949년, 캔버스에 유채, 44.5 x 56cm   1949, Oil on canvas, 44.5 x 56cm
필리핀중앙은행 소장   Collection of Central Bank of the Philippines

P170 ——

신두다르소노 수조요노(인도네시아)   Shindudarsono Sudjojono(Indonesia)
앙클룽 연주자   **Angklung Player**
1956년, 캔버스에 유채, 98 x 34cm   1956, Oil on canvas, 98 x 34cm
싱가포르국가유산위원회 소장   Collection of National Heritage Board, Singapore

P212 ──────────────────────────────
데메트리오 디에고(필리핀)   Demetrio Diego(Philippines)
카파스   **Capas**
1948년, 캔버스에 유채, 86.5 x 118cm   1948, Oil on canvas, 86.5 x 118cm
필리핀국립미술관 소장   Collection of National Museum of the Philippines

P218 ──────────────────────────────
이수억(한국)   Lee Su-oek(Korea)
구두닦이 소년   **Shoeshine Boy**
1952년, 캔버스에 유채, 114 x 76cm   1952, Oil on canvas, 114 x 76cm
대백프라자갤러리 소장   Collection of Debec Plaza Gallery

P224 ──────────────────────────────
코웨샤용(싱가포르)   Koeh Sia Yong(Singapore)
숙청   **Persecution**
1963년, 캔버스에 유채, 85 x 150cm   1963, Oil on canvas, 85 x 150cm
싱가포르국가유산위원회 소장   Collection of National Heritage Board Singapore

P230 ──────────────────────────────
루스타마지(인도네시아)   Roestamadji(Indonesia)
자유 아니면 죽음   **Freedom or Death**
1970년경, 캔버스에 유채, 136 x 256cm   c.1970, Oil on canvas, 136 x 256cm
인도네시아 하라판대학 소장   Collection of Harapan University, Indonesia

P236 ──────────────────────────────
판깨안(베트남)   Phan Ke An(Vietnam)
1972년 하노이 크리스마스 폭격   **Hanoi Christmas Bombing of 1972**
1985년, 패널에 옻칠, 95 x 175cm   1985, Lacquer on panel, 95 x 175cm
위트니스 컬렉션   Witness Collection

5장

P246 ──────────────────────────────
추아미아티(싱가포르)   Chua Mia Tee(Singapore)
말레이 대서사시   **Epic Poem of Malaya**
1955년, 캔버스에 유채, 112 x 153cm   1955, Oil on canvas, 112 x 153cm
싱가포르국가유산위원회 소장   Collection of National Heritage Board, Singapore.

그림으로 읽는 숨겨진 아시아의 역사

1판 1쇄 인쇄 2014년 6월 27일
1판 1쇄 발행 2014년 7월 4일

지은이 박소울
감수 국립현대미술관 학예실

발행인 양원석
편집장 송명주
책임편집 박혜미
해외저작권 황지현, 지소연
제작 문태일, 김수진
영업마케팅 김경만, 정재만, 곽희은, 임충진, 김민수, 장현기, 송기현,
　　　　　　우지연, 임우열, 정미진, 윤선미, 이선미, 최경민

펴낸 곳 ㈜ 알에이치코리아
주소 서울시 금천구 가산디지털2로 53, 20층(가산동, 한라시그마밸리)
편집문의 02-6443-8914 **구입문의** 02-6443-8838
홈페이지 http://rhk.co.kr
등록 2004년 1월 15일 제2-3726호

ISBN 978-89-255-5294-1(43900)